やさしい 日本語の しくみ

改訂版

日本語学の基本

庵 功雄

日高水穂

前田直子

山田敏弘

大和シゲミ

Kurosio
くろしお出版

はじめに

「うちのおばあちゃん、**ディズニーランド**って言えなくて、**デズニーランド**って言うんだよね、どうして言えないのかなあ。」

「取引先からの電話に、**部長は今いらっしゃいません**、って言ったら、先輩に叱られちゃったんですけど。」

「定年退職したら、**海外で日本語教育**をやってみたいのですが、外国人に日本語を教えるには、どのようにすればいいのでしょうか。」

「引っ越しをしたら、周りの人が**方言**をたくさん使っているので、びっくりしました。同じ日本語なのに、どうして方言の違いがあるんですか。」

「**英文法**とか**古典文法**って学校で習ったけど、普通の**日本語の文法**って、習ったことないような気がするなあ。まあ、習わなくても使えるからいいんだけど。」

　日本語について、このようなことを思ったり、考えたりしたことはありませんか？
　スポーツに国境はないといいますが、見知らぬ国の人と一緒にスポーツが楽しめるのは、ルールややり方が共通で、それを互いに理解しているからです。私たちがことばによってコミュニケーションできるのも、それと同じで、双方がことばの規則性(ルール)を知り、それに基づいてことばを使用しているからなのです。
　ことばの規則性には、まず、発音の規則性、単語の作り方の規則性、文法の規則性のような「ことばそのもの」に関わる規則性があります。敬語や、書きことばと話しことばの区別などの「ことばの適切な使い分け」にも、規則性が見られます。また、日本語には、古典語と現代語の違い、方言の違いなどもあります。これも、それぞれの時代、それぞれの地域で、規則性を持って使用さ

れ、また変化してきたものです。

　ふだんは意識していないかもしれませんが、ことばには規則性があり、それがでたらめにではなく、体系的に組み合わさって、ことばを作っています。この本では、日本語の持つ規則性と体系性を「日本語のしくみ」と呼んでいます。

　この本には、日本語のしくみが見えてくるさまざまな現象を取り上げました。この本によって、日本語のしくみの不思議さとおもしろさを感じていただけたら、大変うれしく思います。

　最後になりましたが、本書完成まで、多くの援助と力強い励ましをくださったくろしお出版の福西敏宏さんに、この場を借りて感謝を申し上げます。

2003年7月

著者一同

＊　　＊　　＊

　2003年に発行した『やさしい日本語のしくみ』を、このたび改訂版として再び世に送り出すこととなりました。改訂にあたり、令和の時代にあわせて表紙を新たにし、章を5つ追加し、いくつかの章では内容の一部を修正いたしました。

　これまで本書を読んでくださった皆様、本書で日本語学を勉強してくださった皆様に、深くお礼申し上げますとともに、本書が引き続き、日本語学のやさしい入門書として読まれていくことを願っております。

　本書の改訂には、くろしお出版の池上達昭さんに多くのご助言とご支援をいただきました。この場を借りて心より感謝申し上げます。

2020年4月

著者一同

目　次

第1部 | 日本語の音と形 ……………………………… 1

第2部 | 日本語の文法 ……………………………………… 21

第3部 | 日本語らしい表現 ……… 51

第4部 | 日本語の変化と多様性 ……… 75

第1部

日本語の音と形

私たちは音声を使ってコミュニケーションを行っています。いくつかの音を組み合わせて語が作られ、語を組み合わせて文が作られます。また、音声を目に見える形に置き換えたものが文字です。ここでは、日本語の音声・表記・語のつくりや形などの特徴について見てみましょう。

1 発音のしくみ

❤「ふ」ってどんな音？

ふだん私たちは、話しことばの中で使っている1つ1つの音が、どのように作られているかということを考えることはまずありません。私たちはもうずいぶん小さい頃に、それらをどんなふうに作るかということを自然と習得していて、考える必要がないからです。しかし、1つ1つの音がどのようにして作られているかを知ることは、いろいろな言語現象を説明したり考えたりするのに役立ちますし、また、ふだん無意識のうちに行っている発音という行動をじっくり観察し意識してみるのも、たまにはなかなかおもしろいものです。

まず、「ふ」の音を丁寧にしっかりと発音してみましょう。「ふ」のはじめの部分の音は、ろうそくを吹き消すときの音とだいたい同じです。鏡を見ながらこの音を発音してみると、上下の唇がものすごく近づいて、間にとてもせまい隙間ができているのがわかります。そこを空気が通り抜けるときにこの音が出ているのです。

どの音もそれを発するときには空気の流れ（気流）が必要です。「ふ」のはじめの部分の音も、ただ単に上下の唇の間にせまい隙間を作るだけでは何も音は出ません。他の音も同じで、たとえば「ぱ」のはじめの部分の音は、上下の唇がくっついて離れるときに空気が流れ出て、音が出ます。単に唇をくっつけた

「ふ」ってどんな音？

り離したりするだけでは音は出ないのです。

　「ふ」や「ぱ」のはじめの部分の音のように、気流の通り道をせまくすると
か閉じるなど、気流に対して妨害を与えて作られる音を**子音**といい、「あ」や
「え」のように気流に対して特に妨害を与えずに作られる音を**母音**といいます。

　では、いろいろな母音や子音を作るのに、私たちがどんなことをしているの
かを見ていきましょう。

　異なる母音は、気流の通り道の全体的な形を変えることによって作られま
す。「あ」と「え」を比べてみると、「え」の方が口の開きがせまく、また口の
中の気流の通り道全体もせまくなっているのがわかるでしょう。

　子音の場合はどうでしょうか。まず、「ふ」の子音と「ぱ」の子音です。

⇧ CHECK

> 「ふ」の子音…上下の唇の間をせまくして、気流を通りにくくする。
> 「ぱ」の子音…上下の唇を閉じて、気流を遮断する

気流をどのように妨害するかによって異なる音が作れることがわかります。

　次に、「ぱ」の子音と「た」の子音を比べてみましょう。

⇧ CHECK

> 「ぱ」の子音…上下の唇を閉じて、気流を遮断する
> 「た」の子音…舌先と上の歯茎の間を閉じて、気流を遮断する

気流をどこで妨害するかによっても異なる音が作れることがわかります。

　次に「ぱ」の子音と「ば」の子音を比べてみましょう。この2つの音はとも
に上下の唇を閉じて、気流を遮断する音ですが、次の点が違っています。

⇧ CHECK

> 「ぱ」の子音…のどのふるえがない
> 「ば」の子音…のどのふるえがある

のどのふるえの有無は、のどぼとけのあたりに手をふれて確かめることができ
ますが、「ぱ」や「ば」の子音の場合は、それらが瞬間的な音なので初めはわ
かりにくいかもしれません。それで、「ふ」の子音を長く伸ばした音と「う」
の母音を長く伸ばした音で、試してみてください。「ふ」の子音の発音の場合
には、指先にはふるえは感じられませんが、「う」の発音の場合には、指先に

なの 1 文字 1 文字が同じ長さで発音されていることが理解できると思います。

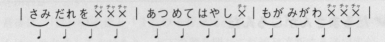

さて、「ー」や「ン」や「ッ」および二重母音の後半の音は、**特殊拍**（または**モーラ音素**）と呼ばれます。独立性が弱いこれらの特殊拍は、直前のモーラといっしょになって 1 音節になります。

特殊拍を他のかなと同じ 1 モーラ分の長さで発音することは、日本語が母語でない人にとっては大変難しいことです。というのは、外国語にはこの日本語のモーラに当たる単位がないからです。「ピマもブロコリも大好きです」のような外国語なまりになることがあります。ただし、日本語母語話者が常にモーラをきちんと同じ長さで発音しているかというと、そうではなく、たとえば「東欧の物語」を早口で言ったときなどには「遠野物語」と区別が付かなくなることもあります。

ところで、100 数えるのに 10 モーラのフレーズを 10 回言うという数え方をしたことがありますか。「だるまさんがころんだ」の他に、関東地方の「インディアンのふんどし」や、関西地方の「坊さんが屁をこいた」などがあり、他にも地域によっていろいろな言い方があるようです。山本正之作詞・作曲の「だるまさんがころんだ」は、湯船に 100 数えるまで入っていなさいと言われた子どもが、10 モーラのフレーズを 10 種類言うというかわいらしく楽しい歌です。

筆者の生まれ育った郷里では、地元の狸伝説に出てくる「金長だぬき」にちなんだ「金長まんじゅう」というお菓子があるのですが、この商品名を 10 回唱えて、100 数えたことにするという習慣がありました。しかし、これはかなりずるいやり方です。「金長まんじゅう」は実際は 8 モーラなのに、「き・ん・ち・よ・う・ま・ん・じ・ゆ・う」というふうに、拗音の中の小さな「よ」や「ゆ」も他の文字と同じ扱いになっています。また、「ん」や「ー」といった特殊拍を 4 つも含んでおり、早く発音すればほとんど「きちょまじゅ」のような発音であり、4 モーラ分の長さで発音可能です。「だるまさんがころんだ」を 10 回と「きちょまじゅ」を 10 回とで速さを競った場合、「だるまさんがころんだ」が負けてしまう可能性はかなり高いでしょう。

「おとうさん」は仲間はずれ？

　「おとうさん」「おかあさん」「おにいさん」「おねえさん」は、どれも長母音を含む語ですが、「おとうさん」だけは発音どおりに書きません。なぜなのでしょうか。

　「おじさん」と「おじいさん」を比べるとわかるように、現代日本語は短母音と長母音の区別がある言語です。ところが、古い時代の日本語には、短母音と区別されるような長母音が存在していませんでした。さらに、同じ語の中で母音が連続するということもない言語でした。

　しかし、時代が下ると、中国語から多くの借用語を取り入れたり、日本語の中で独自の発音変化が起きたことによって、母音連続を含む語がたくさん使われるようになりました。たとえば、「高（かう）」「功（こう）」「計（けい）」の（　）内のかなは歴史的仮名遣いによるものですが、かつてはそのかなのとおりに発音されていたのです。これらの母音連続が、後に長母音化して、日本語の中に長母音が誕生します。「かう」と「こう」はともに「こー」となり、「けい」は「けー」となりました。現代日本語で、オ段やエ段の長音を普通「う」「い」をそえて「こう」「けい」のように表すのは、かつての表記を受け継いでいるためなのです。「こおり（氷）」や「十（とお）」の中のオ段長音は、「う」をそえた表記になっていませんが、これらはかつては「こほり」「とを」のように書かれ、「功利（こうり）」や「冬（とう）」とは違う発音だった語です。

　「おねえさん」の中のエ段長音が「い」をそえた表記になっていないのは、この語が比較的新しい語であることと関係しています。「ねえさん」という語は、江戸時代の文献に初めて現れる語で「あねさん」から変化してできた語です。表記も当時から「ねえさん」であって、「ねいさん」でないのは、おそらくこの語が誕生した当時の日本語がすでにエ段の長母音を持っていて、かつ、「い」をそえて書かれる他の語（たとえば「ていねい」）の発音が、その頃には長母音になりきっておらず、二重母音の発音との併用だったためと思われます。

　ところで、「おとうさん」は明治末期以降の国定教科書で使われてから普及した語（それ以前は「おとっさん」）で、お手本にすべきかつての表記というものが存在しません。現代日本語では、オ段の長音は「う」をそえるものの方が圧倒的に多いので、「おとうさん」はそれにならった表記なのでしょう。

3 五十音図

✔ 「あかさたな」と「いろはにほへと」

いろは歌という歌をご存知ですか。11世紀後半頃に成立したと考えられているもので、当時区別されていた(違うものであると認識されていた)音節を表すかなを網羅する歌です。それぞれのかなは、子音＋母音という組み合わせ(または母音だけ)の音節を表しています。

⌂ CHECK

いろはにほへとちりぬるを	色は匂へど散りぬるを
わかよたれそつねならむ	我が世誰ぞ常ならむ
うゐのおくやまけふこえて	有為の奥山今日越えて
あさきゆめみしゑひもせす	浅き夢見じ酔ひもせず

いろは歌よりも前に作られた**あめつちの詞**では次のようです。

⌂ CHECK

あめつちほしそらやまかは	天 地 星 空 山 川
みねたにくもきりむろこけ	峰 谷 雲 霧 室 苔
ひといぬうへすゑゆわさる	人 犬 上 末 硫黄 猿
おふせよえのえをなれゐて	生ふ為よ 榎の枝を 馴れ居て

「え」が2回使用されており、[e](榎)と[je](枝)のような区別があったと考えられています。[je]はヤ行のエ段音に当たるものです。いろは歌が成立する頃には、その区別は失われてしまったわけです。

五十音図の歴史も古く、最古のものは11世紀初め頃の文献に残っています。これは当時区別されていた音節を表すかなを音韻的に整理したものです。つまり、同じ行には同じ子音音素が並ぶよう、同じ段には同じ母音音素が並ぶように配列してあります。**音素**とは、語の意味の区別に役立たない音を1つにまとめた単位のことです。たとえば、現代日本語の「さ」と「し」は、子音部分の発音が少し違っているのですが、この違いは語の意味の区別には役立たず、重要な違いではないので、同じ1つの音素としてまとめてしまいます。

　五十音図の配列は、サンスクリット(＝古代インドの言語)の文字表にならっています。仏典の原典はサンスクリットで書かれているので、日本人がそれを解読するにはまずその文字を学ぶ必要がありました。それで、日本人は古くからその文字表を見知っていたのです。サンスクリットの文字はいわゆる梵字<ruby>梵字<rt>ぼんじ</rt></ruby>で、1文字1文字が、子音＋母音の組み合わせ(または母音だけ)の音節を表しています。サンスクリットの文字表では、まず母音(ア行の音)を表す文字があり、次に破裂音(閉鎖を伴う音)を含む文字を閉鎖の位置が後ろのものから前のものへと並べています。その次に半母音(口の中にゆるい隙間ができる音)を含む文字をやはりその隙間の位置が後ろのものから前のものへと並べてあります。その文字表に並んでいる梵字のだいたいの発音をかなで表すと次のようになります。

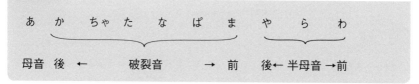

サンスクリットの文字表には、このような音の順番で梵字が並んでいるわけです(正確には、それぞれの行の間や後に日本語にはない音なども入ります)。日本人が梵字を学ぶはるか以前に、サンスクリットについてはこのように驚くべき精密な記述が音声においてもなされていました。当時、梵字とその発音を学んだ人たちは、これは日本語の「か」のかなの音と同じだなとか、これは「ま」のかなの音と同じだななどと思いながら勉強したことでしょう。

　いろは歌も五十音図も、それが成立した当時に区別されていた音節を表す文字の一覧です。当時と比べると今では、区別されなくなった音、新しく区別されるようになった音があります。「い」と「ゐ(もとは [wi])」、「え」と「ゑ(もとは [we])」の区別はなくなり、「ゐ」「ゑ」の文字は使われなくなりました。「お」と「を」などの区別もなくなりましたが、文字は残って今でも使われています。新しく区別されるようになった音や新しく入ってきた音に対しては、それまでにあったかなを用いて、「つぁ」「てぃ」「とぅ」「しぇ」「ふぉ」「でゅ」などのように工夫して表しています。

4 音素と異音

✔ 東京ディズニースィー？

　英語の l と r の発音を聞き分けるのは難しいですが、きちんと発音し分ける
のはそれほど難しいことではありません。l は、舌先を上の歯茎につけたまま
「うー」と発音し、舌の両脇から空気を抜かします。r は、舌先を持ち上げて
宙に浮かせ、舌先は決して上あごのどこにもつけないようにして「うー」を発
音します。この違いに注意して発音すれば、light（光）と right（右）などの発音
は合格です。

　さて、日本語の「ら」の音はいろいろな音で現れます。たとえば、「来週」
の「ら」の子音部分を、次の(1)(2)(3)のような音で発音してみましょう。

⚐CHECK

　(1)　舌先を上の歯茎にしっかりつけて（英語の l のような発音で）
　(2)　舌先を上あごのどこにもつけないで（英語の r のような発音で）
　(3)　舌先で歯茎を軽くはじいて

(1)(2)(3)はそれぞれ少しずつ違う音ですが、どの音で発音しても「来週」で
あって、語の意味が変わることはないですね。

　英語では l と r の違いは語の意味を区別する重要な違いですが、日本語では
そうではありません。語の意味の区別に役立たない音の違いは重要ではないの
で、それらの音は同じものとして1つにまとめます。そのようにしてまとめら
れた単位を**音素**といいます。日本語の「ら」の子音部分に現れるさまざまな変
種は、1つの音素 /r/ としてまとめられます。音素は / / で囲んで表します。
音素に属している実際の音（たとえば「ら」の子音のいろいろ）は**異音**と呼ばれ
ます。実際の音は音声記号を使って [ ] で囲んで表します。

　同じ音が存在していても言語によって、それらの音が語の意味を区別したり
しなかったりします。このような観点からの音声研究を**音韻論**（または**音素論**）
といいます。

　それでは、音韻論における基本的単位である音素の設定手順を見てみること
にしましょう。日本語において、「うみ」と「うに」は、音声記号で表すと

[umi] と [uni] であり、[m] と [n] の部分で違っています。このように、異なる音が同じ位置に現れて、入れ替えると語の意味が変わってしまうような場合、これらの音は対立的分布をなすといいます。このような場合は、別々の音素を設定します。/m/ と /n/ です。

日本語の「来週」の「ら」の子音部分に現れるいろいろな音のように、異なる音が同じ位置に現れて、入れ替えても語の意味が変わらない場合、これらの音は**自由変異**であるといいます。このような場合は、1つの音素にまとめます。/r/ です。音素を表す記号は、他の音素の記号と区別されていれば何を使ってもかまいませんが、普通は音声記号と同じかまたはよく似たものを使います。

次に、日本語のサ行の子音を見てみましょう。サ行の子音は、

⤵ CHECK

さ	し	す	せ	そ
[sa	ʃi	su	se	so]

となり、「し」の場合だけ別の子音になっています。[s] と [ʃ] はともに口の中にせまい隙間ができる摩擦音ですが、その隙間の位置が違っています。[s] よりも [ʃ] の方が隙間の位置が後ろにあります。[i] も口の中にゆるい隙間ができる音ですが、その隙間の位置は [ʃ] よりもさらに少し後ろになります。[s] と [ʃ] と [i] を、この順番で続けて発音する([i] はささやき声で発音した方がわかりやすい)と、舌先がだんだん下に下がっていくのがわかると思います。それにともなって、隙間のできる位置が後ろにずれていっているのです。[s] [ʃ] [i] のそれぞれの隙間の位置関係を図示すると次のようになります。

⤵ CHECK

[s]	[ʃ]	[i]
前→	隙間ができる位置→	後

つまり、[ʃi] は本来 [si] であるはずのものが、[i] の影響を受けて発音しやすいように、子音部分が [s] から [ʃ] に変わっているものと考えることができます。このサ行子音の [s] と [ʃ] のように、異なる音が同じ位置に現れないことを、**相補的分布**をなすといい、それらは1つの音素としてまとめられます。この場合は /s/ です。

このように、伝統的な日本語では [i] の前に現れるのは [ʃ] であって、[s] は

現れません。一方、英語では同じ [iː] の前に [ʃ] と [s] とが現れて she と sea という別の語になります。[ʃiː] と [siː] は、私たちにとって発音し分けることも聞き分けることもそれほど難しくはないのですが、カタカナ語として入れるときは、どちらも「シー」として受け入れています。なぜなのでしょうか。ひょっとすると、次のようなことも関係しているかもしれません。共通語では、無声子音に挟まれた狭母音(い・う)は普通その母音の響きがなくなります(**母音の無声化**という現象です。母音の下の「。」がこの現象を表しています。なお、「アイシティー」はコンタクトレンズ店の名称です)。

⤴ CHECK

アイスティー [aisu̥tiː]　　アイシティー [aiʃi̥tiː]

「う」や「い」の母音の響きが聞こえなくても、[s] と [ʃ] の子音の違いにより、2つの語は区別できます。しかし、「シ」を原語ふう(＝ eyecity)に「スィ」として発音するとどうでしょうか。

⤴ CHECK

アイスティー [aisu̥tiː]　　アイスィティー [aisi̥tiː]

どちらも「アイスティー」に聞こえてしまい、区別があいまいになると感じる人が多いのではないでしょうか。区別をはっきりさせるためには、「スィ」の母音の部分がはっきり響くように発音しなければならず、これは少し発音しにくいです。このように、「シ」と「スィ」の区別は、聞き取りの面でも日本語の中にはまだ定着しているとは言えません。そのため、「東京ディズニーシー」や「キャパシティー」など、比較的最近使われるようになった語であっても、原語での発音を表す「スィ」ではなく「シ」の表記が使われるのだと考えられます。

5　アクセント

✔ このはしわたるべからず

　同じメロディーをもつ語を探す遊びはしたことがありますか。たとえば、平板に発音された「ラーラーラー」がお題として出たら、「蛍光灯」「鳳凰堂」「集計表」などと答えます（共通語の場合）。1番目のラが高い「ラララー」がお題なら、「マフラー」「トロフィー」「カロリー」などと答えます（共通語の場合）。この遊びでは、音の高さに対する感覚を磨くことができます（ラララの代わりにハミングで「フフフは何？」のようにやってもかまいません）。

　さて、一休さんのとんち話に次のような話がありますね。一休さんが用事でどうしても渡らないといけない橋のたもとに、ある意地悪な人が、「このはしわたるべからず」という立て札を立て、一休さんが橋を渡れないようにしたという話。賢い一休さんは、その橋を堂々と渡って、「はし（＝端）を渡るなと書いてあったから、真ん中を渡ってきた」と言ったのでしたね。

　さて、この「端」と「橋」は、共通語では次のような高さで発音されます。

⌂ CHECK

　(1)端　は̄し　は̄しが　　(2)橋　はし̄　はし̄が

このはしわたるべからず

語単独では区別がありませんが、助詞をつけると異なる音調になります。この高さの決まりは個人が勝手に変えることはできません。もしそれを破って別の高さで発音すると、別の意味になったり、共通語には存在しない発音になってしまいます。このことは、「日本語」「富士山」「春風」などの語をいろいろな高さで発音してみることによっても確かめられます。

🐭 CHECK

(2)	○ にほんご	× にほんご	× にほんご
(3)	× ふじさん	○ ふじさん	× ふじさん
(4)	× はるかぜ	× はるかぜ	○ はるかぜ

それぞれ○のような高さで発音されるのが普通で、×のような高さでの発音は、共通語の発音としては非常に奇異な感じがすると思います。これは、1つ1つの語について定まっている高さの決まりがあることを示しています。この決まりを**アクセント**といいます。

英語やロシア語にもアクセントがありますが、日本語のものとは少し性質が違っています。英語で、第2音節にストレスがある to-mór-row という語は、普通に発音したときと疑問文として発音したときとでは、高さが違っていて、その違いはだいたい次のように表せます。

🐭 CHECK

(5) to-mór-row   to-mór-row?

このように高さは場合によって変わるのですが、強さや長さなどの点で第2音節が他の音節より目立つということは変わりません。英語の場合は、1つ1つの語について定まっている強さの決まりがあるということになります。このような決まりもアクセントといいます。

日本語のようなアクセントは**高低アクセント**、英語のようなアクセントは**強弱アクセント**と呼ばれます。

日本語(共通語)のアクセントについて、もう少し詳しく見てみましょう。次の例で「?」がついているものは、疑問文として発音した場合の音調です(実際には文末の上昇の仕方にはいろいろなタイプがあります)。

🗩CHECK

(6) にほんご　　にほんご?　　このにほんご　　このにほんご?

(7) ふじさん　　ふじさん?　　このふじさん　　このふじさん?

(8) はるかぜ　　はるかぜ?　　このはるかぜ　　このはるかぜ?

それぞれの語は、場合によっていろいろな高さで実現しますが、下がり目に関する決まりは、語がどの位置にあっても、疑問文であってもなくても、変わることがなく次のようです。

🗩CHECK

「にほんご」……下がり目がない

「ふじさん」……「ふ」の後で下がる

「はるかぜ」……「る」の後で下がる

共通語のアクセントは、モーラごとの高さが決まっているのではなく、「下がり目があるかないか、あるとしたらどこにあるか」ということが決まっていることがわかります。

　アクセントは、語ごとに定まっている高さや強さに関する決まりですが、**イントネーション**というのは、話しことばに現れる実際の高さの現れのすべてをさします。さきほど「?」が付いている文を疑問文として発音した場合に、上昇音調になることを見ましたが、文の表現意図を表すこのような文末の音調はイントネーションです。なおイントネーションは、文末に現れるものだけでなく、文頭に現れるものや文や発話全体に現れるものなどさまざまなものを含みます。たとえば、今日の晩ご飯がカレーライスだとわかったときに、そのときの気分によって、うれしそうに「やった!　カレーライス!!」と言うときと、あまりうれしくなさそうに「なんだ、カレーライス……」と言うときがありますね。2つの場合で、「カレーライス」の部分の高さの現れはだいぶ違います(「ラ」の後で下がるというアクセントは同じなのですが)。このような違いもイントネーションの違いです。

6 漢字かな交じり文

✔ 貴社の記者は汽車で帰社。

　最近の日本社会の国際化とともに、地域社会の中で生活する外国人の数も確実に増えています。それと同時に、日本語を勉強する外国人の数も増えていますが、そうした人々の多くにとって、悩みの種なのが日本語の文字です。

　日本語では、**ひらがな**の他に、**カタカナ**、**漢字**が使われ、また、**ローマ字**を使うこともあります。このように、複数の文字を使い分けるのは世界的に見ても珍しいといえます。

　特に、外国人(中国語母語話者など母語で漢字を使っている人を除く)にとってやっかいなのが漢字です。漢字さえなければ日本語はずっと簡単なのに、と思っている外国人はたくさんいます。

　実は、これと同じことを考えた人は日本人の中にもいました。つまり、漢字をやめて、ローマ字やひらがなだけで日本語を書くことにすれば、多くの人が簡単に知識を得られるという考え方です。こうした運動をローマ字運動、かな文字運動といいます。

　ローマ字運動は明治時代から現在まで続いていますが、全体としてはこうした運動が社会の主流になることはありませんでした。その理由はいろいろ考えられますが、その大きな理由の1つに日本語の音声上のしくみがあります。

　五十音図は日本語で区別されている音をすべて集めて配列したものです。そして、これをローマ字で表すために必要な音が**音素**と呼ばれるものです。

　では、日本語にはいくつぐらい音素があるのでしょうか。数え方にもよりますが、だいたい23種類ぐらいだと考えられます。これは、英語や中国語などの外国語と比べるとかなり少ないといえます。みなさんも英語を勉強したときに、日本語にはない母音や子音の発音で苦労したことがあると思います。

　このように、日本語では区別される音の種類(音素)が少ないのですが、このことはどういう意味を持っているのでしょうか。すぐわかることは、発音が同じで意味が違うことば(同音異義語)が増えるということです。

　「きしゃのきしゃはきしゃできしゃ」という早口ことばがあります。これはデタラメにことばを集めたのではなく、ちゃんと意味のある文になります。そ

れがわかるように、漢字とひらがなを使って書くと次のようになります。

🔊 **CHECK**

(1)　貴社の記者は汽車で帰社。

　　　（あなたの会社の記者は汽車に乗って会社に帰りました。）

(2)　きしゃのきしゃはきしゃできしゃ。

(1)と(2)を比べると、漢字の必要性がわかるでしょう。つまり、(2)を見てもとっさに何のことかわからないのに対し、(1)を見ると漢字を見ただけで意味がわかるということです。別の言い方をすると、(2)の「きしゃ」が持つ4つの意味は漢字を通して初めて区別できるものであるということです。

　もう1つ、漢字とひらがなを使って書く利点としては、**分かち書き**をしなくてもいいということがあります。分かち書きというのは、英語などの書き方のことで、次のように、書くときにスペースをあけるということです。

🔊 **CHECK**

(3)　I love you.

ローマ字のような音を表す文字(表音文字)を使う言語ではこうした書き方をするのが普通です(ハングル文字も表音文字なので、韓国・朝鮮語でも分かち書きをします)が、日本語にはそうした分かち書きに関するはっきりした規則がありませんし、それを作るのはかなり難しいのです。その点、漢字とひらがなを混ぜて書く(1)のような書き方の場合、ひらがなは助詞や助動詞などの文法的な働きを表す語を表すのに使われます。一方、漢字は名詞、動詞、形容詞などの実質的な意味を表す語を表すのに使われます。そして、それぞれが種類が異なる文字であるため、ひらがなと漢字の間で実質的に分かち書きと同じような効果が得られるのです。なお、カタカナはその語が外来語であるということを示す機能を持っています。

　このように、漢字とひらがな(カタカナ)を交ぜて書く**漢字かな交じり**という日本語の表記は、同音異義語が多い日本語の性質に合ったものなのです。

7 短縮語

✔ 「家庭教師」は「カキョー」「カテキョ」？

　大学生の主要なアルバイトの1つ、「家庭教師」。現在、学生たちの間でよく使われている、その略称を知っていますか。

　一般に、「家庭＋教師」のような**漢語**の複合語の短縮形は、前の要素と後の要素の頭の漢字をつないで作られます。

✑CHECK

模擬試験→模試	市議会議員→市議
私立大学→私大	補欠選挙→補選
日本舞踊→日舞	生命保険→生保
学生食堂→学食	通信販売→通販

　この規則を適用すると「家庭教師」は「家教(カキョー)」となりますが、果たしてどうでしょうか。全国の大学生378名(秋田大学・共立女子大学・神戸学院大学・大分大学学生。出身地別の内訳は、北海道・東北103名、関東・中部93名、近畿91名、中国・四国・九州91名)に、「家庭教師」の略称として、「カテーキョー」「カテーキョ」「カテキョー」「カテキョ」「カキョー」「カキョ」を選択肢として挙げ、「言う」ものを答えてもらったところ、下のグラフのような結果になりました(複数回答含む)。

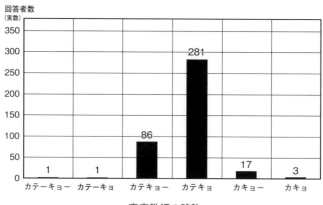

家庭教師の略称

　「カキョー」を回答した人は、全体の4.5%にすぎません。圧倒的に多いのは、「カテキョ」(74.3%)であり、2番目に多いのが「カテキョー」(22.8%)です。この「カテキョ」「カテキョー」は、漢語の複合語の短縮形としては、一見、奇妙な形に見えますが、実は、日本語の短縮語作りの一般的な傾向から見ると、非常に規則的な語形だとも言えるものです。

　日本語では、**和語**、**外来語**の複合語の短縮形を作る場合には、前の要素と後の要素の頭の音を2モーラずつ取ってつなげることが多く行われます。

🔎 **CHECK**

　<u>うな</u>ぎ<u>どん</u>ぶり→うなどん　　　<u>デジ</u>タル<u>カメ</u>ラ→デジカメ

「カテーキョーシ」の前の要素と後の要素の頭の音を2モーラずつ取ってつなげると、まずは、「カテキョー」という形ができあがりますね。

　一方、この規則には次のような例外があります。

🔎 **CHECK**

　<u>テレ</u>フォン<u>カー</u>ド→テレカ(×テレカー)

　<u>フリー</u><u>マー</u>ケット→フリマ(?フリマー)

これらは、後の要素の2モーラ目が長音であるものです。このような場合には、後の要素の2モーラ目の長音が省略されることがあるのです。「カテーキョーシ」の後の要素の2モーラ目は長音ですね。その長音が省略されれば、「カテキョ」という形ができあがるわけです。なお、この規則は、あまり厳密なものではなく、たとえば、「スノーボード」など、「スノボー」と「スノボ」を使う人が、それぞれにいるというものもあります。

　最初にも述べたように、漢語の場合は、頭の漢字をつないで短縮形を作るのが普通です。同じ「家庭」を前の要素とする「家庭裁判所」では、短縮形は(カテサイではなく)「家裁(カサイ)」になります。それにもかかわらず、本来は漢語である「家庭教師」の略称が「カテキョ」「カテキョー」になるということは、「家庭教師」という語が、現在の学生たちにとって、すでに漢語であることが忘れられてしまうくらいに(「カテーキョーシ」とでも表記すればいいような)日常語として定着したものになっている、ということだと考えられます。

ことばを聞いて理解するときに
私たちがしていること

コラム②

　ある日の授業が終わったあと、ある留学生が意気消沈した様子で私のところへやってきました。お弁当屋さんでのアルバイトで失敗をしたとのこと。「おでん弁当」の注文を厨房に伝えるときに、「おでん1つ」と言ったはずなのに、できあがってきたのは「御前弁当」だったというのです。その留学生に「おでん」と「御前」を発音してもらうと、子音や母音の発音には問題がありませんでした。何が問題だったと思いますか？実はアクセントだったのです。「おでん（低高低）」を誤って「おでん（高低低）」のように発音してしまったために、「御前（高低低）」と勘違いされてしまったようです。原因がわかったその留学生はうれしそうに帰っていきました。この例では、私たちがことばを聞いて理解するときに、母音や子音以外の特徴も聞いていることがわかります。

　マガーク効果というのをご存じですか。[ka] と発音している映像を見せながら [pa] の発音を聞かせると [ta] と言っているように聞いてしまうという現象です。このマガーク効果、日本人の英語発音とも関わりがあります。ある研究で、日本人が発音する r の音声を映像なしでネイティブに聞かせたところ正しい発音であると判定されたのに、まったく同じ発音をその日本人の映像とともに聞かせると正しくないと判定される割合が増えました。なぜだと思いますか？実は、映像の中の日本人は r を発音するときに唇を丸めていないからなのです（ネイティブの r には唇の丸めがある）。ですから、みなさんも英語の r を発音するときには、唇の丸めにも注意するのがよさそうです。この例では、私たちは実際に耳に聞こえてくる音声以外の特徴も手がかりとしていることがわかります。

　最後に、「トーンオントーン（tone on tone）」という語の発音についてです。同系色を重ねることをこのように言うそうですが、この語を初めて聞いたときずいぶん戸惑いました。この語は言い方によっては「トーントーン」のような発音になることがあります。店員さんがたとえば実際には「この秋はトーントーンが流行りです」のように言っていたとしても、この語を知っていれば、正しく「トーンオントーン」として理解できるでしょう。私たちはことばを聞くとき、話題になっている事柄に関する知識を総動員しながら聞いています。そのため、初めて聞くことばや文脈のないことばの場合、聞き取れなかったり、聞き間違えたりすることが起こりやすくなります。

第2部

日本語の文法

ことばはルールにしたがって組み立てられています。
このルールを文法といいます。文法はできあがったも
のを覚えるためではなく、ことばのしくみを整理し考
えるためにあるもの。ここでは日本語のいろいろなルー
ル（＝文法）を考えていきます。

8 日本語の品詞

❤ 形容動詞は形容詞？　動詞？

　日本語の「品詞」はいくつあるでしょうか。いろいろな考え方があります
が、その1つとして次の「十品詞」があります。

1	動詞	用言	会う、行く、植える、選ぶ、終わる、貸す、…
2	形容詞		熱い、痛い、薄い、偉い、遅い、固い、汚い、…
3	形容動詞		明らか、意識的、うららか、エスニック、…
4	名詞	体言	頭、石、浮き輪、エネルギー、おにぎり、…
5	副詞		あたかも、いそいそ、うっかり、おそらく、…
6	連体詞		あらぬ、いわゆる、大きな、かの、来たる、…
7	接続詞		あるいは、おまけに、が、けれども、さて、…
8	感動詞		あらまあ、いいえ、うわあ、えいえいおう、…
9	助動詞		させる、そうだ、だ、たい、らしい、られる、…
10	助詞		から、が、だけ、と、に、の、は、まで、を、…

この十品詞を、少し整理してみましょう。この中で、文を作るのにまず重要
なのは、**体言**(名詞)と**用言**(動詞・形容詞・形容動詞)です。次に、体言・用
言のそれぞれ前後に付く品詞があります。体言に付いて体言を修飾する品詞
は連体詞、用言を修飾するのは副詞です。用言を修飾する品詞なら「連用詞」
といってもよさそうですが、そうは言いません。ごく少数ながら体言を修飾
する副詞があるからです。そして、体言と用言の後ろに付くのが助詞・助動
詞です。助詞は主に体言を、助動詞は主に用言を助けることばです。
　ここまでの八品詞は日本語の文を作る基本的な品詞で、残る2つは、でき
あがった文と文を結びつけるなどの働きを持つ接続詞と、それだけで1つの
文として働くこともできる感動詞です。感動詞には「おはよう」「ありがとう」
のような挨拶のことばや、名前を呼ばれて「はい」と返事をするようなとき
の応答のことばがあり、必ずしも感動しているわけではありません。

| 接続詞 | 連体詞 | 体言 | 名詞 | 助詞 |
| 感動詞 | 副詞 | 用言 | 動詞・形容詞・形容動詞 | 助動詞 |

　さて、以上が十品詞ですが、この中に少し不思議な品詞があります。用言の1つである形容動詞です。「形容動詞」という名前は形容詞と動詞を合わせたような名前です。一体なぜこのような名前が付いているのでしょうか。

　形容動詞とは、たとえば次のようなことばです。

CHECK

> アカデミック、安全、イージー、意地悪、色々、カラフル、簡単、危険、嫌い、キュート、きれい、けち、システマティック、静か、失礼、上手、親切、心配、好き、素敵、スパイシー、大切、大事、大変、タイムリー…

これらのことばは他の言語では形容詞に当たることが多く、形容動詞は意味的には「形容詞」に近いことがわかります。では「動詞」はどうでしょうか。

　それには古典語の形容動詞を見ることがヒントになります。古典語にはナリ活用（静かなり）・タリ活用（堂々たり）という二種類の形容動詞がありましたが、その活用が、古典語の動詞のラ行変格活用（あり・をり・はべり・いますがり）と同じでした。そのため、**意味的**には形容詞に似ていて、**文法的**には動詞と共通点があることばを「形容動詞」と名づけたのです。

　古典語にさかのぼらなくても、現代語で考えてみることもできます。「静かだ」という形容動詞は、かたい文章では別の言い方になることがあります。「静かである」です。ここに「ある」という動詞が出てくることに注目してください。現代語でも形容動詞の中に動詞を見いだすことができるのです。

　上の形容動詞のリストを見ると、もう1つおもしろい特徴に気づきます。それは、リストの中に**漢語・外来語**が多いということです。日本語はこれまで、新しいことばを外から柔軟に取り入れてきましたが、形容詞が新たに日本語に入ってくるとき、「～い」という形容詞としてではなく、形容動詞として受け入れてきた、ということでしょう。日本語になぜ2つのタイプの形容詞があるのかという理由もこのあたりにありそうです。

9 活用

✔ 「書かない、書いて」なら「行かない、行いて」？

「日本語の動詞には活用の種類がいくつあるでしょう。」こう質問されたら
どのように答えますか。

おそらく、**五段活用、上一段活用、下一段活用、カ行変格活用**(カ変)、**サ
行変格活用**(サ変)の5つを答えるのではないでしょうか(古典文法では、「死
ぬ」はナ行変格活用(ナ変)、「ある(あり)」はラ行変格活用(ラ変)ですが、現
代語では五段活用です)。

五段活用動詞は、変わらない部分(**語幹**)が -k- や -s- などの子音で終わり、
その次に -a、-i、-u、-e、-o という5つの母音が続いて活用する動詞です。

一段活用動詞は語幹が –i か -e の母音で終わっている動詞です。母音が違う
ことを除けば活用の仕方は同じなので、現代語では上一段と下一段に分けず
に一段動詞と呼びます。

	貸す		起きる		受ける
五段動詞	kas-*a*nai		ok*i*-nai		uk*e*-nai
	kas-*i*te		ok*i*-te		uk*e*-te
	kas-*u*	上一段動詞	ok*i*-ru	下一段動詞	uk*e*-ru
	kas-*e*ba		ok*i*-reba		uk*e*-reba
	kas-*e*		ok*i*-ro		uk*e*-ro
	kas-*o*o		ok*i*-yoo		uk*e*-yoo

一 段 動 詞

カ変とサ変は母音が不規則に続いて活用する動詞です。

では、「カ変とサ変以外の不規則動詞を挙げてください。」こう言われたら
どう答えますか。

実は、現代日本語では「行く」「ある」「なさる」は不規則活用動詞なのです。

規則的か不規則かを考えるには、同じ類の動詞と比較するのがいちばん簡
単です。まず、カ行五段活用の「行く」を「書く」と比べてみましょう。活

用は一部だけを示します。

	未然形（ーナイ）	連用形1（ーマス）	連用形2（ーテ）	
「行く」	いかない	いきます	いって	…
「書く」	かかない	かきます	かいて	

　連用形2とした「ーテ」の形だけ違っていますね。もし他の動詞と同じように活用したらどうなるでしょうか。カ行五段動詞の「ーテ」の形はイ音便という形になるので、「いいて」になりますね。でも、この形は使われません。

　「ある」はラ行五段活用です。

	未然形（ーナイ）	連用形1（ーマス）	連用形2（ーテ）	
「ある」	**ない**	あります	あって	…
「とる」	とらない	とります	とって	

　未然形に「ない」がついた形は、規則的な活用をすれば「あらない」となりますが、このような形はありません。

　「なさる」もラ行五段活用ですが、不規則な部分が違います。

	未然形（ーナイ）	連用形1（ーマス）	連用形2（ーテ）	
「なさる」	なさらない	なさいます	なさって	…
「つくる」	つくらない	つくります	つくって	

　どこが不規則かわかりますか？　「なさいます」は規則的に言えば「なさります」にならなければなりませんね。同じ種類の不規則動詞には他に「くださる」「おっしゃる」などがあります。

　規則的な活用は個々の活用形を覚える労力を軽減します。また未知の動詞でも活用させることができます。一方で、よく使う動詞は主に言いやすくするために不規則な活用をする場合があるのです。

コラム
③

カ変とサ変は五段と一段、どっちの仲間？

　学校ではカ変とサ変という２つの変格活用があるとしか教えてくれません
が、実はカ変とサ変も一段活用の仲間です。

カ変動詞	来る	サ変動詞	する	一段動詞	起きる	五段動詞	貸す
	k*o*-nai		s*i*-nai		ok*i*-nai		kas-*a*nai
	k*i*-te		s*i*-te		ok*i*-te		kas-*ite*
	k*u*-ru		s*u*-ru		ok*i*-ru		kas-*u*
	k*u*-reba		s*u*-reba		ok*i*-reba		kas-*eba*
	k*o*-i		s*i*-ro		ok*i*-ro		kas-*e*
	k*o*-yoo		s*i*-yoo		ok*i*-yoo		kas-*oo*

　太字で示した部分（語幹母音）が変化していますが、それに続く部分は「来
い」を除いて一段動詞と似ていますね。五段動詞の「貸す」とは大きく違いま
す。

　方言には、サ変がなく、「しな
い（しねー）、して、しる、しれ
ば（しりゃー）、しろ」のように
活用する方言もあります（右図参
照）。また、「来る」についても
「きない（きねー）」や「きる」と
いう方言もあります。このような
「しる」や「きる」は（少し不規
則な部分も一部にある）一段動詞
といえるでしょう。現代語の動詞
は、大きく分けると五段と一段の
２種類に分けられ、一段動詞の下
に上一段、下一段、カ変、サ変が
あると考えることができます。

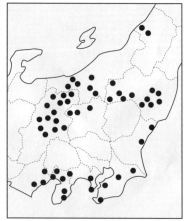

シナイ（シネー）／シル／シレバ（シリャー）／シロを
使用する地域（『方言文法全国地図』をもとに作図）

「する」の一段動詞化

10　格助詞

✔ 阪神が勝ったの？　阪神に勝ったの？

野球のニュースを見て言いました。

⌂CHECK

（1）　やったー、勝った。阪神タイガース＿＿＿勝ったよ。

みなさんは＿＿＿の部分に何を入れますか。何か入れなければならないとしたら、「が」か「に」を入れて次のような文ができますね。

⌂CHECK

（2）　やったー、勝った。阪神タイガースが勝ったよ。
（3）　やったー、勝った。阪神タイガースに勝ったよ。

（2）と（3）は何が違うのでしょうか。

（2）と（3）では実際に起こった出来事が違います。（2）の場合、「阪神タイガース」というチームは「勝つ」という動詞の主語です。阪神タイガースが好きな人は喜ぶでしょう。（3）の場合、「阪神タイガース」は「勝つ」という動詞の目的語で、主語は他のどこかのチームになります。これでは阪神ファンは喜べません。

この「が」や「に」のように名詞の後ろに付いてその名詞と述語（動詞・形容詞・形容動詞・名詞＋ダ／デス）との関係を表すことばを**格助詞**といいます。日本語ではこのような格助詞を使って「阪神タイガース」などの名詞と「勝つ」などの動詞との関係を表しています。

身近な言語で英語や中国語はどうでしょうか。

英語や中国語では「が」や「を」（「に」の一部も）の働きを語順で表します。

⌂CHECK

（4）　John loves Mary.
（5）　我爱你．（我（wǒ）＝私、爱（ài）＝愛する、你（nǐ）＝あなた）

　(4)や(5)では、'love'‘愛’という動詞を挟んで左に主語、右に目的語が表されています。左と右を入れ替えて'Mary loves John.'や‘你愛我’とすると愛する人と愛される人が反対になってしまいます。

　日本語では語順だけを入れ替えて、「阪神が巨人に勝った」といっても「巨人に阪神が勝った」といっても同じ出来事を表します。主語と目的語を入れ替えるためには「が」や「に」という格助詞を入れ替えて「巨人が阪神に勝った」か「阪神に巨人が勝った」としなければなりません。

　もう少し名詞を増やして、「が」「から」「で」「を」などを使ってみましょう。次の文は(何を優先的に言いたいかは変わりますが)、言い表されている出来事はどれも同じです。

CHECK

> (6)　白やぎさん<u>が</u>黒やぎさん<u>から</u>牧場<u>で</u>一通の手紙<u>を</u>もらった。
> (7)　黒やぎさん<u>から</u>白やぎさん<u>が</u>牧場<u>で</u>一通の手紙<u>を</u>もらった。
> (8)　牧場<u>で</u>白やぎさん<u>が</u>黒やぎさん<u>から</u>一通の手紙<u>を</u>もらった。
> (9)　牧場<u>で</u>黒やぎさん<u>から</u>白やぎさん<u>が</u>一通の手紙<u>を</u>もらった。

　動詞はいつも最後に置かなければなりませんが、4つの要素があれば4の順列組み合わせ($_4P_4 = 4 \times 3 \times 2 \times 1 =$)24通りの語順が可能です。このように入れ替えても出来事としての意味が変わらないのは格助詞のおかげといえるでしょう。

　格助詞を使うやり方は名詞を頻繁に省略する日本語にとって都合のいいシステムです。日本語では言うまでもなくわかっている名詞句は省略してもかまいません。(2)や(3)のように名詞が1つしか表れていないときでも、格助詞によってその名詞と動詞との関係が明らかになっていれば、意味を解釈する上で不都合はありません。

　このようにいつも格助詞ではっきりと名詞と述語(動詞・形容詞・形容動詞・名詞＋ダ／デス)の関係を表していればよいのですが、ときに困ったことが生じます。それは、同じ格助詞が違った意味を表しているときと、格助詞が省略されるときです。

(10) バナナ<u>が</u>好きなんだって。

(11) 田中さん<u>が</u>好きなんだって。

(12) ライオン<u>φ</u>、食べたんだって。

※φ（ギリシャ文字の「ファイ」）は数学の空集合と同じで「何もない」「ゼロ」を表します。

「好きだ」「嫌いだ」や動詞の可能形などは、目的語に「が」をつけて表すことがあります。(10)のように目的語が「バナナ」のように「好き！」と言わないものであれば勘違いしなくてよいのですが、(11)のように人の場合、「田中さんが誰か他の人のことが好き」なのか「誰か他の人が田中さんのことが好き」なのか、これだけではわかりません。文脈から判断します。

バナナが好きなんだって

また、格助詞の中でも「が」と「を」は省略されやすい傾向にあります。(12)では、省略されているのが「が」なのか「を」なのか、これだけではわかりません。美食家にまつわる世界の珍しい料理の話をしているのであれば「ライオンを食べた」の可能性が高くなりますし、動物園の飼育係が夏ばてで弱っているライオンの話をしていれば「ライオンが（餌を）食べた」という可能性が高くなります。このように文脈から読みとるしかないのです。

日本語は格助詞を使って動詞などの述語と名詞との関係を表す方法を基本としてもっています。しかし中には同じ格助詞を2つの意味で使う構文や格助詞を省略する場合もあります。このときは文脈からの解釈が役立っています。

11 使役

✔ コロンブスの卵──「卵を立たせる」

人にある行動をやるように仕向けることを**使役**といいます。日本語の使役は、動詞を使役形「〜せる」の形に変えますが、同時に、名詞に付く**格助詞**も変える必要があります。この格助詞がどう変化するか、考えてみましょう。

⚐ CHECK

子供がピアノを弾く。	→	(1)	子供＿＿＿ピアノを弾かせる。
子供が「いやだ」と言う。	→	(2)	子供＿＿＿「いやだ」と言わせる。
子供が先生に文句を言う。	→	(3)	子供＿＿＿先生に文句を言わせる。
子供が学校へ行く。	→	(4)	子供＿＿＿学校へ行かせる。
子供が自由に遊ぶ。	→	(5)	子供＿＿＿自由に遊ばせる。
子供が好きにする。	→	(6)	子供＿＿＿好きにさせる。

前の文の「が」がどんな格助詞に変わりましたか。(1)と(2)と、それから(3)にも「に」が入ったと思います。(4)(5)(6)には「に」を入れた人もいるかもしれませんが、「を」も可能です。この違いはどこから来るのでしょうか。

(1)の「弾く」と(2)(3)の「言う」は目的語の「〜を」をとる**他動詞**です。他動詞文の使役は、もとの文の「が」で表されていた主語が「に」に変わります。

⚐ CHECK

子供 | が | ピアノを　弾く。
↓
親が　子供 | に | ピアノを　弾かせる。

この［＿＿＿＿＿＿］の部分に「を」を入れてしまうと、「子供をピアノを弾かせる」のように1文に「を」が2つ現れ、日本語としては誤った文になります。文中に「を」がなくても、(2)の「言う」のように、他動詞では「に」になります。

このように、日本語では普通、1つの単文で「を」は1回です。しかし、(3)や(5)(6)の使役文のように、「に」は2回出てきても、何とか使えます。

さて、残りの(4)(5)(6)は**自動詞**で、この場合は、「を」も「に」も使えます。

🔽 CHECK

私　が　出張に行く。

↓

部長、今度のアメリカ出張、是非、私　を　行かせてください。
部長、今度のアメリカ出張、是非、私　に　行かせてください。

しかし、自動詞なら「を」と「に」が2つともいつも使えるかというとそうではありません。次のような自動詞を見てみましょう。

🔽 CHECK

子供が泣く。	→	(7)　子供＿＿＿泣かせる。
子供が笑う。	→	(8)　子供＿＿＿笑わせる。
子供が怒る。	→	(9)　子供＿＿＿怒らせる。

今度は「に」は言いにくいですね。同じ自動詞なのになぜでしょうか。

「泣く」「笑う」「怒る」という自動詞は、非意志的な行為を表している自動詞です。「泣け」と言われたら、泣くフリはできても、本当に泣くことは、普通はできません。感情は意志的にコントロールできない動きだといえます。このような、非意志的な自動詞を使役にする場合は、「を」を使います。

では、次のような自動詞ではどうでしょうか。

🔽 CHECK

卵が立つ。	→	(10)　卵＿＿＿立たせる。
ゼリーが固まる。	→	(11)　ゼリー＿＿＿固まらせる。
花が咲く。	→	(12)　花＿＿＿咲かせる。

この場合も「を」を使います。なぜでしょうか。(10)(11)(12)は、「卵」「ゼリー」「花」といった**非情物**が主語です。非情物とは意志を持たないものですから、その動き(変化)も非意志的です。したがって、(7)(8)(9)と同様に、(10)(11)(12)でも、「を」が使われるのです。

ところで、「卵を立たせる」には、もう1つおもしろい点があります。「立たせる」とは「立つ」の使役形ですが、次の文で、動詞の形はどうなるでしょうか。

> **⌂ CHECK**
>
> | 正門 に 旗 が 立つ。 | → | （13）　正門 に 旗 を 立＿＿＿＿＿。 |
> |---|---|---|
> | 廊下 に 生徒 が 立つ。 | → | （14）　廊下 に 生徒 を 立＿＿＿＿＿。 |

（13）は「立てる」、（14）は「立たせる」が入るでしょう。「立てる」は自動詞「立つ」に対応する他動詞、「立たせる」は「立つ」の使役形になりますが、他動詞と使役形では、どちらも、もとは「が」であったものが「を」に変わります。

「立てる」と「立たせる」はどう違うのでしょうか。明らかなのは「廊下に生徒を立てる」という言い方はできず、人は「立たせる」と言わなければならないということです。「立てる」と言うと、何だか人をモノ扱いしているような感じがするのではないでしょうか。一般に、他動詞はモノを対象とし、使役形は人を対象とします。使役は、人に「〜しろ」と命令して、動作を行うよう仕向けることです。人を「立たせる」場合、最終的に立つかどうかは、立つ人が決め、立たせる人には制御できません。使役の動作は**間接的**なのです。「親が子供を勉強させる」と言っても、結局は親には制御できないのです。一方、「立てる」は立てる人が制御できる動きで、他動詞の動作は**直接的**だといえます。

では、卵はモノであるにも関わらず、なぜ「卵を立てる」とは言わず、「卵を立たせる」と言うのでしょうか。卵を立たせたことがありますか？　旗や看板を立てることはできても、卵はそうはいきません。卵を手に持ってポンと置いても簡単には立ちません。立たせる人の意志では簡単には制御できない事態なのです。だから、「立てる」ではなく「立たせる」を使うのではないでしょうか。

「卵を立たせる」は、卵にとって立つことが自分でコントロールできない動きであるために「に」ではなく「を」を使い、立たせる人にとっても簡単にはコントロールできない動作であるため使役形を使っているというわけです。

12 受身

❤ 隣にビルを建てられちゃった。

　小学2年生の作文の授業で「○○になったつもりで作文を書く」というのがあります。そこである児童が次のようなことを書きました。

⬇CHECK

> (1)　わたしはニンジン。朝早く、のうかのおじさんに<u>ほりだされて</u>、トラックに<u>のせられ</u>、いちばに<u>はこばれます</u>。

　ユーモラスな情景ですね。でも、普通このようには言いません。次の(2)のように、人を主語にして言うでしょう。

⬇CHECK

> (2)　朝早く、ニンジンを<u>ほりだし</u>、トラックに<u>のせて</u>、いちばに<u>はこびます</u>。

　(1)は普通は主語になることがない「ニンジン」を主語にすることによって、「ニンジン」の立場になって見た情景を描いているのですね。
　(1)のように動作を受ける側を主語にして述べる文を**受身文**、(2)のように動作をする側が主語になる文を**能動文**といいます。(1)のような受身文と(2)のような能動文は基本的に同じ出来事を表していますが、(1)はニンジンの立場から、(2)は人の立場からというように、出来事を描く立場が違っています。

⬇CHECK

> (3)　(私は)先生に<u>ほめられた</u>。
> (4)　(私は)田中くんに「明日のパーティーに来る?」と<u>聞かれた</u>。

　(3)(4)も受身文です。日本語では「私」を中心に出来事を描くことが多いので、「先生が私をほめた」や「田中くんが私に聞いた」と言うより、(3)(4)のように受身文で言う方が自然に聞こえます。
　日本語には(6)のような受身文もあります。

　(5)　先生が隣の子をほめた。

　(6)　先生に隣の子をほめられた。

　(5)と(6)は何か意味が違っていますね。どのように違うのでしょうか。

　(5)と比べて(6)のように言うと何か迷惑な感じがするという人が多いのではないでしょうか。つまり(6)＝(5)＋「迷惑な気持ち」といったところです。

　(6)は「ほめられた」というところが(3)と同じです。でも、「隣の子を」というところが違っていますね。図に表すと次のようになります。

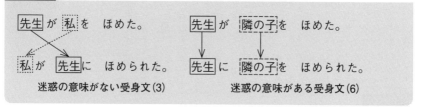

　左の受身文(3)も右の受身文(6)も、その上の能動文の主語(＝「先生(が)」)がニ格になっている点では同じです。しかし、受身文である(3)には主語がありますが、(6)には主語がありません。そこが大きく違っています。

先生に隣の子をほめられた

(6)の主語は何でしょう。(6)は「私は先生に隣の子をほめられた」ということができます。つまり主語である「いやだなあ」「迷惑だなあ」と思っている人（＝「私」）が省略されているのです。

　このような能動文にない名詞が主語になっている受身文のほとんどは被害の意味を持つのです。

CHECK

(7)　隣にビルを<u>建てられちゃった</u>。

(8)　庭を<u>歩かれて困っている</u>。

「隣にビルを建てる」ことや「誰かが庭を歩く」こと自体にはよいことか悪いことかという意味はありません。(7)や(8)のような受身文にした場合にだけ迷惑の意味が表れてくるのです。

　受身についてはもう1つ注意しなければならないことがあります。次の(9)の受身文はどうやって作りますか。

CHECK

(9)　すりが田中さんのさいふを<u>すった</u>。

(1)や(3)の受身文を作るのと同じように考えれば、目的語の「田中さんのさいふ」を主語にして(10)のような文になりますね。でも、(10)のように言うより、(11)のように言った方が自然ではないでしょうか。

CHECK

(10)　田中さんのさいふがすりに<u>すられた</u>。

(11)　田中さんはすりにさいふを<u>すられた</u>。

「(私は)先生に隣の子をほめられた」という受身文(6)も上の(11)も、影響を受けた人を「は」で表している点で同じ性質を持っています。

　日本語は、影響を受けた人を主語にして、その人に起こったさまざまなことを受身で表すことを好む言語なのです。

日本語の受身と英語の受身

日本語には 3 つの受身文があります。ここで代表的に使われる名称とともに整理しておきましょう。

(1) （私は）よい成績をとって先生にほめられた。　　［直接受身］

(2) （私は）先生に隣の子をほめられた。　　　　　　［間接受身］

(3) （私は）電車ですりにさいふを取られた。　　　　　［持ち主の受身］

直接受身は英語にもあります。

(4)　　I was praised for my good results in the classroom.

間接受身は英語にはありません。無理に訳そうとすると次のようになりますが、英語では正しい文ではありません。

(5)　× I was praised my rival for his good results in the classroom.

持ち主の受身はどうでしょうか。

(6)　× I was stolen my wallet in the train.

(7)　　My wallet was stolen in the train.

日本語と同じように「私」を主語にして (6) のように言うことはできません。(7) のような受身文なら英語として文法的です。

このように英語の純粋な受身には直接受身に当たる用法しかないのです（ただし被害は 'I had my wallet stolen.' という特別な受身で表されることもあります）。

英語の直接受身と日本語の直接受身は使われ方にも違いがあります。

英語では動作をする側も表現する場合には、能動文の方が自然です。(4) は 'My teacher praised me'. の方が自然ですし、(7) も「誰か」を主語にして 'Someone stole my wallet in the train.' と言った方が自然に聞こえることもあります。

13 テンス

✔ 例の傘、ここにあった。

次のように「た」で終わる文をよく使いますね。

⌁CHECK

（1）　昔々、あるところにおじいさんとおばあさんがいまし<u>た</u>。

（2）　例の書類、もうでき<u>た</u>？

ところで、(1)と(2)の「た」は同じ意味を表しているのでしょうか。

　時間の流れは、現在を基準にしてそれよりも前を過去、それよりも後を未来と分けることができます。(1)は今現在とは何も関係のない以前の出来事を描いています。このような「た」は**過去**の「た」です。

　一方、(2)の「た」は、現時点で「できているか、できていないか」、言い換えれば出来事がもう終わった(完了)かまだ終わっていない(未完了)かに着目した表現です。このような「た」を**完了**の「た」といいます。

　過去であるか完了であるかは次のように否定文にするとすぐにわかります。

⌁CHECK

（3）　そんなおじいさんやおばあさんはいなかっ<u>た</u>。　　←(1)

（4）　頼まれていた書類は、まだでき<u>ていない</u>。　　←(2)

　(1)のような過去の「た」は否定にすると「なかった」になりますが、(2)のような完了の「た」は「〜ていない」の形になります。

　ダイエット中に「昨日はちゃんと、ごはん食べ<u>た</u>？」と聞かれ「いいえ」で答えるときは、「食べなかった」と過去になりますが、お昼の時間に「もうごはん食べた？」と聞かれ「いいえ」で答えるときは、「まだ食べていない」と未完了で答えます。

　英語では過去と完了は区別され、過去を表すときには過去形を、完了を表すときには'have ＋過去分詞'という形を使います。日本語でも古い時代には過去は「き・けり」、完了は「つ・ぬ・たり・り」などと使い分けていました。

　さて、次の「た」はどう考えたらいいでしょうか。

⌄ CHECK

（5）　あ、探していた傘、こんなところにあった。

（6）　あっ、バス、来たよ。

「傘」は目の前に「ある」のですから「あった」というのは、考えてみれば不思議な言い方です。「バス」も今ここに「来つつある」のであって、まだ「来た」というには早すぎます。なぜ「た」を使うのでしょうか。

このような「た」は認識した時点を指し示しています。「傘がこんなところにある」ことを「発見した」、「バスが来る」ことが「わかった」という表現が1つになって「あった」や「来た」のように言っているのです。

言語によってはこのような認識した時点を表すために「た」を使わない言語もあります。韓国・朝鮮語などではこの場合、「た」を使わず、「傘がある」「バスが来る」などに相当する表現を使います。

さて、次のような場合にも「た」を使いますね。この「た」は何でしょう。

⌄ CHECK

（7）　（結婚式から帰るとき）

　　　本日はまことにおめでとうございました。

（7）では祝福の気持ちは今でも続いていますが、結婚式が「終わった」という認識を「た」で表しています。結婚式の最初に「おめでとうございました」と言うことはありません。このような表現を間違いという人もいますが、すでに終わったものという意識が「た」を使わせていると考えれば、論理的であると考えられます。

では、次のような表現はどう説明されるでしょうか。

⌄ CHECK

（8）　（レストランで）ご注文の品はこちらでよろしかったですか。

今現在の状態が「よろしい」か「よろしくない」かを尋ねている表現ですから、「た」を使う必要はありません。「よろしいですか」と言ってもいいはずです。

実は、「た」には以前覚えていたことを忘れて再度確認する用法があります。

CHECK

　(9)　すみません、お名前は何とおっしゃいましたか。

　「お名前は何とおっしゃいますか。」と聞くのは初対面の場合です。(9)は前に名前を聞いたことを覚えているけれど、忘れてしまったのでもう一度教えてほしいという場面で使います。(8)のような「た」も、このような「忘れてしまったので教えてほしい」という言い方の1つと考えられます。

　次の2文を比べてみてください。

CHECK

　(10)　ご注文の品はこちらでよろしいですか。
　(11)　ご注文の品はこちらでよろしかったですか。

　「今すぐ判断しろ」と言っている(10)よりも、(11)のように、以前に伺ったことだけれど忘れてしまったので確認してほしいという意味をもつ「た」を使った方が、間接的で丁寧な感じがでます。そのためにレストランでお客に対して用いられるのでしょう。

　このような用法が広がるとさらに次のような表現も出てきます。

CHECK

　(12)　(コンビニでお弁当を買って)
　　　　店員「お箸はよろしかったですか。」

　以前に尋ねたこともないことに対して「た」を使うのは、どうでしょう。これは「た」による確認が、間接的で丁寧であるという意識から、接客場面において用法が拡大しているものと考えられます。

14　アスペクト

✔「ドアが閉まっている。」の英訳は？

　日本語の動詞は「〜している」の形（「ている」）で使われることが多いですが、「ている」には（少なくとも）(1)(2)のような意味があります。

🔊 CHECK

> (1)　雨が降っ<u>ている</u>。
> (2)　窓ガラスが割れ<u>ている</u>。

　(1)のように、実際の動きが視覚などで知覚できる用法を**進行中**、(2)のように、動きが存在しない用法を**結果残存**といいます。

　「ている」が進行中、結果残存のどちらの意味になるかは、基本的に、次のように動詞のタイプによって決まっています。

　状態動詞は「いる、ある」のように「ている」の形がないもの、**変化動詞**は「割れる、上がる」のように状態や位置の変化を表すもの、**非変化動詞**はそれ以外の動詞です。非変化動詞と変化動詞の違いは次のように表せます。

　つまり、変化動詞には状態や位置が変わる時点（変化点）が存在するのに対し、非変化動詞にはそれが存在しないということです。

　これを踏まえて、(1)と(2)の意味を図示すると、次のようになります。

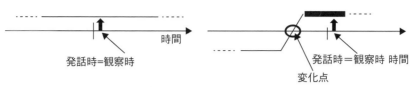

(1)'雨が降っ<u>ている</u>。　　　　(2)'窓ガラスが割れ<u>ている</u>。

進行中も結果残存も、発話者（「私」）が出来事や状態を「観察」していること
を表します。観察しているとき（観察時）が現在の場合は「ている」の形にな
り、観察時が過去の場合は、次のように「ていた」の形になります。

🔊CHECK

（3）　昨日会社を出たとき、雨が降っ<u>ていた</u>。（進行中・過去）
（4）　今朝教室に入ったとき、窓ガラスが割れ<u>ていた</u>。（結果残存・過去）

さて、変化動詞の場合、普通は「た」を使いません。たとえば、教室に入っ
たときに、窓ガラスが割れた状態になっているのを見た場合には、（5）を使い
（6）は使いません。

🔊CHECK

（5）　あっ、窓ガラスが割れ<u>ている</u>。
（6）　あっ、窓ガラスが割れ<u>た</u>。

これは、日本語では（2）'の太線の部分に注目するのが普通であることを表し
ています。
では、（6）はどんなときに使われるのでしょうか。（6）は変化を見たときに
使われます。つまり、日本語では、変化を見たときに限り変化動詞の「た」が
使われ、それ以外の場合、変化動詞では「ている」が使われるということです
（観察時が現在の場合）。ただし、こうした捉え方には言語による違いがあり、
中国語では、（5）の状況で（6）に対応する表現を使うのが普通です。これは、中
国語では、（6）に対応する表現で変化があったと述べれば、変化の結果が発話
時まで続いていると見なされるということです。
このように、変化動詞の「ている」は基本的に結果残存を表します。しか
し、次のような場面ではどうでしょうか。

⏷ **CHECK**

> (7) （ビルの解体現場を見ている）
>
> 　　あっ、<u>少しずつ</u>窓ガラスが割れ<u>ている</u>。

　(7)の「少しずつ」のように、時間の経過に伴う変化を表す副詞が使われた場合は進行中を表します。これは、こうした副詞がついた場合は、(2)'の「変化点」の部分に注目することになるためです。

　以上のことを踏まえて、(8)について考えてみましょう。

⏷ **CHECK**

> (8) 　ドアが閉まっ<u>ている</u>。

　(8)の「閉まる」も変化動詞ですから、(8)は基本的には結果残存を表します。しかし、ドアが閉まるのを見た場合には、(9)が使われます。

⏷ **CHECK**

> (9) 　ドアが閉まっ<u>た</u>。

　さらに、ドアが大きくて、閉まるまでに時間がかかり、その過程を見ている場合には(8)は進行中を表します。つまり、「ドアが閉まる」という出来事に関して、次の3つの表現があることになります。

⏷ **CHECK**

> (10) a. ドアが閉まっ<u>ている</u>。（進行中・現在）
>
> 　　　b. ドアが閉まっ<u>た</u>。
>
> 　　　c. ドアが閉まっ<u>ている</u>。（結果残存・現在）

　ここで、(10)a～cを英語で表すと(11)a～cのようになります。

⏷ **CHECK**

> (11) a. The door <u>is</u> clos<u>ing</u>.
>
> 　　　b. The door <u>has</u> clos<u>ed</u>.
>
> 　　　c. The door <u>is</u> clos<u>ed</u>.

　(11)aは現在進行形、bは現在完了形ですが、cは形容詞になります。このように、日本語では結果残存は「動詞」の変化形ですが、意味的に対応する英語の表現は「形容詞」となるのです。

「ている」(「ていた」)で表される時間の捉え方を**アスペクト**といいますが、アスペクトの表し方には言語ごとに類似点と相違点があります。

こうしたアスペクトの違いは、**共通語**と**方言**の間にも見られます。上で見たように、共通語では(11)aと(11)cはともに「ている」で表されますが、西日本に広く見られる**ヨル・トル方言**の地域では、それぞれを(12)a(12)bのように言います。

> ⚐ CHECK
>
> (12) a. ドアが閉まり<u>よる</u>。(意味的に(10)a(11)aに対応)
>   b. ドアが閉まっ<u>とる</u>。(意味的に(10)c(11)cに対応)

つまり、共通語では形からは区別できない進行中と結果残存の違いが方言では形で区別できることがあるということです。

こうしたアスペクトに関する表現の違いが反映する現象を紹介します。

みなさんがズボン／スカートを買うために、試着室にズボン／スカートを持ち込んで試着しようとしたところ、ファスナーに不具合があったとします。そのとき、店員に(13)aのように言っても問題にはなりませんが、(13)bのように言ってしまうと弁償させられるかもしれません。

> ⚐ CHECK
>
> (13) a. すみません。ファスナーが壊れ<u>ています</u>。
>   b. すみません。ファスナーが壊れまし<u>た</u>。

「壊れる」は変化動詞なので、「た」が使われるのは変化を見たときに限られます。つまり、「た」を使うと、変化を見たことを表し、変化を見られるのは変化を引き起こした(＝ファスナーを壊した)人に限られるのです。

15 モダリティ

❤ **北海道では雪が降っているだろうなぁ。**

　「だろう」（丁寧な言い方では「でしょう」）という助動詞があります。学校
文法では**推量**を表すとされています。よく似たものに「ようだ」（話しことば
では「みたいだ」になることが多い）があります。こちらは**推定**と呼ばれるこ
とが多いようです。

　推量と推定、よく似ていますね。実際、この2つはどちらも使える場合がよ
くあります。たとえば、次のような場合です。

🔮 CHECK

> （1）　この問題については田中さんが詳しい{だろう／ようだ}。
>
> （2）　台風が来ると、野外コンサートは中止になる{だろう／ようだ}。

　しかし、いつでも2つが置き換えられるわけではありません。たとえば、次
のような場合、「だろう」は使えますが「ようだ（みたいだ）」は使いにくいです。

🔮 CHECK

> （3）　（独り言で）北海道では雪が降っている<u>だろう</u>なぁ。
>
> （4）　彼は英語が得意だから、明日の試験でもいい点を取る<u>だろう</u>ね。

　逆に、次のような場合は、「ようだ」は自然ですが、「だろう」は不自然です。

🔮 CHECK

> （5）　（雨戸が鳴る音を聞きながら）外は風が強い<u>ようだ</u>なぁ。
>
> （6）　（デパートで小さい子供が一人で泣いているのを見て）
> 　　　あの子、迷子になった<u>みたいだ</u>なぁ。

　こうした例から、「だろう」と「ようだ」の違いを考えてみましょう。

　まず、（5）や（6）のような例からわかるのは、「ようだ」は、見たり聞いたり
したことをきっかけに何かを考えた場合に使われるということです。そうい
う意味で、「ようだ」は、正確には、**知覚情報に基づく判断**とでも言った方が
いいでしょう。

　一方、(3)や(4)からわかるのは、「だろう」は、何かを頭の中で想像して述べる場合に使われるということです。たとえば、(3)は北海道にいる友達のことを考えたときに口をついて出てくる言い方です。そういう意味で、「だろう」は、正確には、**想像に基づく判断**とでも言った方がいいでしょう。

　(3)で「ようだ」が使いにくいのは、考えるきっかけとなることがないためなので、きっかけになるようなことがある文脈であれば、「ようだ」も使えます。

⚓CHECK

(7)　(天気予報で雨のマークが出ているのを見て)
　　明日は雨が降る<u>ようだ</u>なぁ。

明日は雨が降るようだなぁ

　この「だろう」と「ようだ」のように、日本語では、話し手が文の内容をどのように考えているかを表す助動詞(や助動詞に相当する表現)がたくさんあります。たとえば、同じ「明日は雨が降る」という内容について、次のようないろいろな言い方が可能です。

⚓CHECK

(8)　明日は雨が降る{だろう／ようだ／かもしれない／そうだ…}。

　それぞれ意味は少しずつ違います。この「だろう」「ようだ」のように、話し手の気持ちを表す語を**モダリティ**といいます。モダリティの種類が豊富なことは日本語の特徴の1つだといえます。

16 条件

❤ 飲んだら乗るな。飲むなら乗るな。

「飲んだら乗るな。飲むなら乗るな。」

このような交通標語を見たことがありますか。飲酒運転を禁止する有名なことばですが、2つの文にはどのような違いがあるでしょうか。

「飲んだら乗るな」は、お酒を飲んだ後で車を運転するのを禁じ、「飲むなら乗るな」は逆に、お酒を飲む予定がある人は、その前に運転するな（飲む場所まで車で移動すると、帰りに運転することになり、危険だから）という意味ですね。

この交通標語はまた、「飲んだら乗るな」と「飲むなら乗るな」という2つの**条件文**でできあがっています。条件文とは、ある出来事が原因となってある結果が起こることを予測する文です。日本語の条件文には「たら」と「なら」を使う文があり、表される**出来事の順序**が違うことがわかります。

⤷ CHECK

(1) 飲ん<u>だら</u>、乗るな。——————|————————|——→ 時間
　　　　　　　　　　　　　飲んだら　　乗るな

(2) 飲む<u>なら</u>、乗るな。——————|————————|——→ 時間
　　　　　　　　　　　　　乗るな　　　飲むなら

次のような文でも同じことが言えます。

⤷ CHECK

(3) （携帯電話を買おうとしている友達に）
　　a　ケータイを買っ<u>たら</u>、電話してね。
　　b　ケータイを買う<u>なら</u>、電話してね。

aでは、「買ったばかりの新品の携帯電話で、自分に電話をしてほしい」と言っていますが、bは、「買うまえに電話してほしい、そうしてくれれば、安い店を教えるから」というニュアンスがあるのではないでしょうか。次の文

でも、「たら」は「あとで」、「なら」は「まえに」という意味になっています。

⤷ CHECK

(4) a あした引っ越し<u>たら</u>、あさってからはもう会えないね。
　　 b あした引っ越す<u>なら</u>、今日はもう帰ってもいいですよ。

このように「たら」と「なら」では、事柄の順序がちょうど逆になっています。しかし、次の文はどうでしょうか。事柄の順序関係を考えてみてください。

⤷ CHECK

(5) a ソウルへ行っ<u>たら</u>、革のコートを買った方がいいよ。
　　 b ソウルへ行く<u>なら</u>、革のコートを買った方がいいよ。

a では、コートを買うのはソウルですが、b ではどうでしょうか。行く前に日本で買うという解釈も可能ですし、ソウルで買うという a と同じ解釈も可能なのではないでしょうか。

実は、「X するなら Y」という条件文では、X の前に Y が起こることもあれば、X の後で Y が起こることもあるのです。「なら」は、「X する場合には」と、X の成立を仮定し、その仮定のもとで下した話者の予測や判断を Y で表します。X と Y との時間的な前後関係は、2 通り可能であって、どちらの解釈がなされるかは、文脈によって決まると見るべきでしょう。

最初に見た交通標語の場合には、「たら」との対比があるため、「飲むなら乗るな」は「飲むまえに」という解釈が強くなされますが、「飲むなら乗るな」だけだったら、「飲むまえでも飲んだあとでも乗るな」という意味に理解されるのではないでしょうか。

また、出来事の順序関係の違いが出てこない場合がもう 1 つあります。次の (6)(7) では、「たら」でも「なら」でも意味が変わりません。なぜでしょうか。

⤷ CHECK

(6) a ほしかっ<u>たら</u>、あげますよ。
　　 b ほしい<u>なら</u>、あげますよ。

(7) a 質問があっ<u>たら</u>、手を挙げてください。
　　 b 質問がある<u>なら</u>、手を挙げてください。

　実は、「たら」や「なら」が付いている「ほしい」や「ある」という述語に原因があります。「ほしい」や「ある」は**状態性述語**と呼ばれ、「飲む」「乗る」「買う」「引っ越す」などは**動作性述語**と呼ばれます。

　「ほしかったらあげる」では、「ほしい」という気持ちを持った瞬間より後の時間に「あげる」ことを表し、「ほしいならあげる」では、「ほしい」という気持ちを持ち続けているときに「あげる」という意味になります。しかし、これは下の図のように、事実としてはほぼ同じ状況になります。

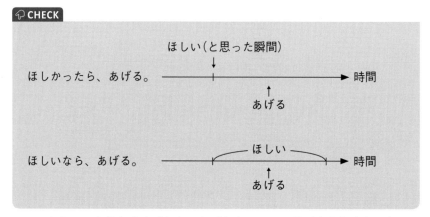

　このように、条件を表す「たら」と「なら」には、共通点と相違点があることがわかります。

17　名詞修飾

✔ 名詞を詳しく述べる方法

　ある名詞をより詳しく述べたいとき、日本語では名詞の前にさまざまな修飾語句を付けます。一語の形容詞では「白い山」のように名詞の直前に置くことで、単なる「山」ではなくその状態を付け加えて詳しく言いますし、もっと詳しいことばを並べて「去年、私が友人と登った山」のように、数ある「山」の中から限定して述べることもできます。

　日本語は、どんなときでも、後に置かれる名詞を前から修飾していく言語です。この修飾される「山」のような名詞を**被修飾名詞**、修飾していく「去年、私が友人と登った」のような節を**名詞修飾節**といいます。

　前から修飾して名詞の前に置くだけでいいのですから、英語のような関係代名詞は必要ありません。しかし、逆に言えば、英語では区別される意味の違いを、日本語では表さなくてもよく、違いが意識されなくなります。

🕭 CHECK

　(1)　<u>去年、私が友人と登った</u>[山]を、息子が絵に描いてくれた。
　(2)　彼は、<u>私が今年も富士山に登った</u>[噂]を聞いて、電話をしてきた。
　(3)　私は、<u>山に登った</u>[翌日]、海に行った。

　(1) (2) (3)は、すべて名詞修飾節を用いた表現です。しかし、それぞれの意味は少し違います。

　(1)は、「去年、私は友人とその山に登った」のように、「登った」場所である「山」が被修飾名詞になって、その「山」が文末の「絵に描いた」の目的語となっています。このような名詞修飾節の中にも入りうる要素が被修飾名詞となってあとの動詞につながっていく方法は、一般に**内の関係の名詞修飾**などと呼ばれます。

　(2)は、「噂」の内容が名詞修飾節で表されています。(1)の内の関係に対して外の関係の名詞修飾や、意味の面から**内容補充の名詞修飾**などと呼ばれます。

　(3)は、「翌日」に山に登ったわけではありません。「山に登った日の翌日」に海に行ったわけです。「私が座っている隣」など、時間や空間の相対的な関

係を表す被修飾名詞が使われるときに、このような名詞修飾節が用いられます。

　これらの構造の違いを、日本語母語話者は意識しません。意識しないからこそ、英作文をしてはじめて違い（(1)は関係代名詞、(2)は that を用いて表し、(3)は英語に訳せないなど）があることに気づきます。このように特別な装置を必要とするかしないかは、日本語と英語の語順の差による違いです。

　名詞修飾には、もう 1 つ意識されにくい機能、つまり働きの差があります。それは、多くの中から選ぶために条件を付ける機能と、すでに特定されている名詞に情報を付け加えて主節に関連づける機能です。たとえば、(1)では、多くの「山」の中から「去年、私が友人と登った」という条件を付けて 1 つを選んでいます。このような名詞修飾を**限定的名詞修飾**といいます。

　しかし、これが単なる「山」でなく「富士山」だったらどうでしょうか。

⚓CHECK

> (4)　<u>去年、私が友人と登った</u>　富士山　を、息子が絵に描いてくれた。

この場合、数ある「富士山」から 1 つを限定しているわけではありません。(4)のような**非限定的名詞修飾**は、単に「息子が富士山を絵に描いてくれた」わけではなく、「去年、私が富士山に友人と登った」ことと何らかの関連づけをして示しています。この場合、「去年、私が富士山に友人と登った<u>から</u>、息子がその富士山を絵に描いてくれた」という因果関係でしょうか。あるいは、漠然と「息子が富士山を絵に描いた」ことの意味づけをしているというだけかもしれません。このような融通無碍な修飾が可能なのも、日本語が前に修飾節を置くだけで連体修飾を作れる言語だからです。

第3部

日本語らしい表現

発音や文字や単語や文法に間違いがなくても、日本語として
何となく不自然な表現があります。英語では「一人の兄を持
っています。(I have a brother.)」と言いますが、日本語では
「兄が一人います。」が自然です。ここでは、ちょっとした表
現に見られる日本語らしさの秘密を考えてみましょう。

18 連体修飾と連用修飾

✔ 意外に似ている 2 つの修飾

　動詞などの用言にかかっていく連用修飾と、名詞を修飾する連体修飾とは、日本語では明確に分けられます。これは、英語にはない特徴です。

🗨 CHECK

> （1）　列車は、1 時間遅れて中央駅に到着した。
>
> （2）　列車の中央駅への到着は、1 時間遅れだった。1 時間遅れの到着にも、乗客は慣れた様子だった。

　（1）では、「到着した」という動詞に、「列車は」、「1 時間遅れて」「中央駅に」という名詞句が係っています。これらはすべて連用修飾です。これが、「到着」という名詞に係る（連体修飾の）場合には、「列車の」、「1 時間遅れ（て）の」、「中央駅への」などと「の」を介した形になります。（2）で、「中央駅へ到着は」や「1 時間遅れて到着に」などということはできません。

　一方、英語の前置詞句は、to arrive at the station と arrival at the station のように、'to arrive' という動詞とともにでも、また、'arrival' という名詞とともにでも使えます。日本語は、連体・連用の区別に厳しい言語なのです。

　さて、日本語では、連用修飾と連体修飾が似た意味として使われることがあります。

🗨 CHECK

> （3）　a. 熱心に指導（を）する。　　　　b. 熱心な指導をする。
>
> （4）　a. ひどく頭痛がする。　　　　　　b. ひどい頭痛がする。

　（3a）では、形容動詞の連用形「熱心に」が「指導（を）する」を連用修飾していますが、（3b）では、その連体形の「熱心な」が「指導」を連体修飾しています。一方、（4a）では、形容詞の連用形「ひどく」が「（頭痛が）する」を、（4b）では、その連体形である「ひどい」が「頭痛」をそれぞれ修飾しています。もちろん、連体修飾の（3b）は、「熱心な指導する」のように、名詞がないことが明らかな場合には使えません。

　このような連用修飾と連体修飾の交替は、いつも可能というわけではありません。(3)の場合、「指導をする」の修飾には、「熱心に」「熱心な」どちらでも使用可能ですが、「指導を開始する」のように、実質的な意味をもつ動詞が用いられる場合には、その動詞の意味を修飾してしまうため、「熱心に指導を開始した」というと「熱心に」は「開始した」を修飾することになります。

　また、次のような場合には、一方が言いにくくなります。

⌇ CHECK

(5)　a. 楽しく勉強(を)する。　　　b.? 楽しい勉強をする。

(6)　a. 一時間毎に頭痛がする。　　b.? 一時間毎の頭痛がする。

　結局、「楽しい勉強」や「一時間毎の頭痛」というものが存在するのか、ということであり、連体修飾は名詞の限定であるということです。

　さて、「する」以外ではどうでしょうか。

⌇ CHECK

(7)　a. 真っ赤なバラが咲いた。　　b. バラが真っ赤に咲いた。

(8)　a. おいしい料理を作った。　　b. 料理をおいしく作った。

(9)　a. レアの肉を食べた。　　　　b. 肉をレアで食べた。

　(7)(8)のように変化がある場合、変化した結果の状態が修飾語になっていれば両方言えるようですが、(9)の「食べる」のような動作を表す動詞の場合は、かなり特徴づけるのが難しく感じられます。「高い肉を食べた」は言えても「肉を高く食べた」と言うことはできませんし、「レアの肉をもう一度焼いた」とは言えても「肉をレアでもう一度焼いた」と言うと「別の肉を焼いた」という意味になってしまいます。成立する条件は、かなり限定されています。

　日本語の形容詞や形容動詞には、連体形と連用形が必ず両方あります。そのため、同じ意味を両形で言い換えることが可能になりやすいのですが、まだまだすっきりわからないこともあります。みなさんも考えてみてください。

19 省略

❤ 私は田中です。どうぞよろしく。

みなさんが自己紹介をするとします。そのとき、次の2つの言い方のうち、どちらを使いますか(みなさんの名前は「田中」だとします)。

🕮 CHECK

(1) <u>私</u>は<u>田中です。どうぞよろしく。</u>

(2) <u>田中です。どうぞよろしく。</u>

普通(2)を使うでしょう。しかし、これが英語だったらどうでしょうか。

🕮 CHECK

(3) <u>I'm Tanaka.</u> / <u>My name is Tanaka.</u> Nice to meet you.

(4) <u>Tanaka.</u> Nice to meet you.

何人かが自己紹介をした後に言うのなら(4)も可能かもしれませんが(ただし、その場合でも(3)は自然に使えるでしょう)、自己紹介をするのが一人のときには(3)しか使えないのではないでしょうか。

このようなところに、日本語と英語の大きな違いがあります。つまり、英語では原則として、主語を言わなければならないのに対し、日本語ではむしろ主語を表現すると不自然な文になることがあるということです。

このような場合、よく、日本語では「主語が省略される」という言い方をしますが、これはあまり正確な言い方ではありません。**省略**というのは、ある表現を言っても言わなくてもよい場合に、その表現を使わないということですが、上の(1)と(2)の関係はそういうものではなく、(1)が言えるのは、誰かと比較(対比)するなどの特別な場合に限られます。つまり、日本語では、1人称(「私」)や2人称(「あなた」)の場合は特に、主語を表現しないのが普通で、対比などの特別な必要がある場合に、主語を表現するということなのです。

このように言うと、日本語はあいまいな言語だということになってしまいそうですが、日本語には、主語や目的語、英語の所有格に当たることばなどを言わなくてもそれが誰のことかがわかる工夫がいろいろされているので、

実際のコミュニケーションに問題が起こることはほとんどないのです。

　一例を挙げると、次の(5)(6)(7)のようなものがあります。

🖢 CHECK

(5)　昨夜、電話をかけた。

(6)　昨夜、電話をかけ<u>てきた</u>。

(7)　昨夜、電話をかけ<u>てくれた</u>。

　この場合、みなさんが誰かに電話をかけた場合は(5)が使われ、誰かがみなさんに電話をかけた場合は(6)(7)が使われます。このように、「〜てくる」「〜てくれる」という表現を使うことで誰の動作かがわかるのです。

　同じような例として次のようなものもあります。

🖢 CHECK

(8)　田中さんは<u>弟</u>に本をあげた。

(9)　田中さんは<u>弟</u>に本をくれた。

　(8)(9)の「弟」には「誰の」に当たることばがありません。しかし、この場合は「**あげる**」と「**くれる**」という動詞の違いによって、(8)の「弟」は「田中さんの弟」であり、(9)の「弟」は「私の弟」であることがわかるようになっているのです。

　このように、日本語では、英語のように主語などをはっきり表さないのが普通ですが、その代わりに、(6)(7)のように述語の形で誰の動作かを示したり、(8)(9)のように動詞の種類で誰に対する動作であるかを示したりしています。これは、主語を表す方法の違いということにすぎず、「英語は論理的で、日本語は非論理的」などということではないのです。このように、日本語は「ことばのしくみ(文法)」のレベルでは決して非論理的な言語ではありません。もし、日本語が非論理的であるとすれば、それは日本語を使う私たちの問題であるといえるのです。

20 「は」と「が」

✔ 「こちらは田中さんです」と「こちらが田中さんです」

「は」と「が」という 2 つの助詞があります。学校文法ではどちらも主語を表すとされています。そう言うと、この 2 つの助詞には違いがないようですが、実はかなりいろいろな違いがあるのです。

次のような場面を考えてみましょう。私がAさんと話をしています。そこに、私の知り合いである田中さんがやってきました。田中さんとAさんは面識がありません。そのとき、私は田中さんをAさんに紹介することになりますが、そのときの言い方に次の 2 つがあります。

⬇ CHECK

> (1) こちら<u>は</u>田中さんです。
> (2) こちら<u>が</u>田中さんです。

こうした場合、(1)と(2)にはどんな違いがあるのでしょうか。

まず、(1)は一般的に田中さんを紹介するときに使われます。この場合、田中さんはそれまでの私とAさんの会話には出てきていません。

一方、田中さんが現れるまでの、私とAさんの会話で田中さんのことが話題に出ていた場合には(2)が使われます。たとえば、次のような場合です。

⬇ CHECK

> (3) 私 「私の友人に田中さんっていう人がいるんですけど、この人、
> とても物知りで何でも知ってるんですよ。」
> A 「すごいなあ。一度紹介してくださいよ。」
> (しばらくして偶然田中さんが通りかかる)
> 私 「Aさん、ご紹介します。こちら<u>が</u>田中さんです。」............(2)
> (? こちら<u>は</u>田中さんです。 ....(1))

では、2 つの場面でなぜ「は」と「が」が使い分けられるのでしょうか。

「は」と「が」の使い分けにはいくつかの規則がありますが、その中に、「聞き手にわかることか、わからないことか」という基準があります。聞き手に

わかることには「は」、聞き手にわからないことには「が」がつきます(「聞き
手にわかる」かどうかを決めるのは話し手です)。この「聞き手にわかる」と
いうことを**旧情報**、「聞き手にわからない」ということを**新情報**といいます。
この用語を使うと、「は」と「が」の違いは次のようになります。

> **⟲ CHECK**
>
> **旧情報には「は」を付け、新情報には「が」を付ける。**

この用語を使って、(1)と(2)の違いを考えてみましょう。

(1)の場合、「こちら」に人がいることは聞き手(Aさん)にはわかっています
から「こちら」は旧情報です。一方、その人が何という名前であるかは聞き手
にとって初めて知ることですから新情報です。そのため、「こちら」には旧情
報であることを表す「は」がつくのです。

> **⟲ CHECK**
>
> (1)　こちら　は　田中さん　です。
>
> 　　　旧情報　　　新情報

これに対し、(2)の場合は、それまでの話の中に「田中さん」のことが出て
いたので、「田中さん」という名前は聞き手にとってすでにわかっていること
(旧情報)です。一方、話の中に出てきた「田中さん」が目の前にいる人(「こち
ら」)と同じ人であるということは、聞き手にとっては、私の紹介によって初め
てわかること、つまり、新情報です。そのため、「こちら」には新情報である
ことを表す「が」がつくのです。

> **⟲ CHECK**
>
> (2)　こちら　が　田中さん　です。
>
> 　　　新情報　　　旧情報

このように、「は」と「が」にはふだん気づかない微妙な使い分けがありま
す。そうしたことから、この2つの違いについては多くの研究があります。ま
た、この2つの使い分けは、日本語を勉強している多くの外国人にとっても最
も難しいものの1つでもあります。

21 とりたて助詞

✔ 「コーヒーしか飲まない」は、コーヒーを飲むの？
　飲まないの？

　「私はコーヒーは飲まない」と言ったら「コーヒー」は「飲まない」わけですが、「私はコーヒーしか飲まない」はどうでしょうか。この場合は「コーヒー」は「飲む」ことを意味しますね。しかも「コーヒーしか飲まない」は、「コーヒーを飲む」ことと同時に、「それ以外の飲み物は飲まない」ということも含みます。「しか」は必ず述語の否定形といっしょに使われて、その意味は、「しか」が付いた部分（ここではコーヒー）だけを肯定し、他のもの（ここでは他の飲み物）を否定するということです。このように、文に表れていない他の事物についても何らかの意味を暗に示す助詞を**とりたて助詞**と呼びます。

　「しか」の他に、とりたて助詞にはどのようなものがあるでしょうか。

🖓 CHECK

（1）　コーヒー{だけ／ばかり}飲む。

この「だけ」「ばかり」もとりたて助詞で、「しか」と同様に、とりたてている要素（コーヒー）を肯定し、それ以外は否定する、つまりコーヒー以外は飲まないという限定の意味を表します。

　「だけ」と「ばかり」はどのように違うでしょうか。「だけ」はとりたてた要素を肯定し、他の要素を否定するという限定の意味を単純に表し、文のさまざまな位置に現れることができますが、どこに現れても限定の意味を表します。

🖓 CHECK

（2）　飲むのはコーヒーだけだ。　　　…述語の位置
（3）　コーヒーだけの店　　　　　　　…連体修飾語の位置
（4）　コーヒーを少しだけ飲んだ。　　…連用修飾語の位置

　一方、「コーヒーだけ飲む」「飲むのはコーヒーだけだ」に比べると、「コーヒーばかり飲む」「飲むのはコーヒーばかりだ」には「いつも（コーヒーを飲む）」という意味が感じられます。つまり、多回性があるということです。

「英語だけ話せる」と言えても「英語ばかり話せる」とは言えません。後者がおかしいのは、能力（話せる）と多回性という意味が合わないからです。

(5)　コーヒーばかりの店
(6)　コーヒーを少しばかり飲んだ。

連体修飾語の位置に来る場合も「だけ」とは異なり、(5)は「いろんな種類の（＝多回性）コーヒーの店」という意味になります。程度を表すことばに付くときは特殊で、「少しばかり」は「少しの程度」というおおよその量を表します。

　こうした違いはあっても、「だけ」「ばかり」「しか（〜ない）」は、とりたてた要素を肯定し、他を否定するという限定の意味を表す点は共通しています。

　さて、とりたて助詞には他にどのようなものがあるでしょうか。

(7)　コーヒー｛も／さえ／まで｝飲んだ。

「も」「さえ」「まで」を使うと、「コーヒーを飲み、かつ、他のものも飲む」という意味が暗示されます。このような意味を**並列・累加**と呼びます。「も」は並列・累加を表す典型的なとりたて助詞です。「さえ」には「コーヒーを飲むとは思わなかった」という予測があり、それが外れて、意外なことに、他の飲み物とともにコーヒーも飲んだという意味があります。また、「さえ」は最低限度を表し、「〜さえ〜すれば」という文でよく使われます。

(8)　ご飯とみそ汁さえあれば、他には何もなくてもいい。

「まで」は予想されるものの中で実現の可能性の一番低いもの、いわば、実現範囲の限界点を表しています。

(9)　昨日の社員パーティーには、課長や部長はもちろん、社長まで来た。

　とりたて助詞は、文に表されている要素について述べるだけではなく、文には現れていない他の要素との関係を意味するところに特徴があります。

「係り結びの法則」はどこへ行った？

　とりたて助詞と呼ばれる助詞は、学校文法（口語文法）では副助詞と呼ばれており、文語文法では、副助詞と係助詞にほぼ対応します。係助詞とは「係り結びの法則」を持つ助詞ですが、現代語では係り結びの法則がなくなったので、係助詞という助詞のグループを作る必要もなくなりました。

　係り結びの法則とは何でしょうか？　古典語において、文が「終止形」で終わるべき場合に、文の中に係助詞があるために終止形で終わらないという現象が見られます。具体的にいうと、「ぞ・なむ・か・や」が入ると文が連体形で終わり、「こそ」が入ると已然形で終わります。これが係り結びの法則です。「ぞ・なむ・こそ」は文の強調すべき語句に付き、「か・や」は疑問文の焦点になっているところに付くという性質を持っていました。

　たとえば、百人一首の「奥山に紅葉ふみわけ鳴く鹿の声聞くときぞ秋はかなしき」（猿丸太夫）の句末の「かなしき」は連体形です。これは「声聞くときぞ」と「ぞ」があるからで、「ぞ」がなければ「声聞くとき秋はかなし（終止形）」となるところです。また「月見ればちぢに物こそかなしけれわが身ひとつの秋にはあらねど」（大江千里）では、「物こそ」と「こそ」があるため「かなしけれ（已然形）」となっています。「こそ」がなければ「物かなし（終止形）」となるわけです。

　このような係り結びの法則は、平安時代にすでに乱れていました。平安時代の末期に、終止形と連体形の区別が明確でなくなり、終止形が来るべき文末に連体形が現れたり、「ぞ・なむ・か・や」のある文末を終止形で終わらせたりする例が見られるようになります。一方、已然形で終わるはずの「こそ」は、平安時代の早い時代に乱れ始めた例もありますが、特殊な形であったために、残りやすかったようです。現代語にも「大小の差こそあれ（大小の差はあっても）どちらも大変おもしろい」「注意こそすれ（注意はしても）退学にはしない」といった逆接の意味を表す表現で生き残っています。

22 「のだ」

✔ **昨日は指導教官のパーティーがあったんです。**

　突然ですが、みなさんは赤塚不二男さんの『天才バカボン』というマンガを知っていますか。主人公であるバカボンのパパは行動もユニークですが、話し方もとてもユニークで、すべての文の最後に「……のだ。」をつけます。たとえば、「これでいい<u>のだ</u>。」「わしの言う通りにする<u>のだ</u>。」といった感じです。

　バカボンのパパのこうした話し方は、確かに少し変ですが、まったくおかしいとも感じられません。それほど、「のだ」ということばは私たちの日常会話で頻繁に使われているのです。

　「のだ(のです)」は**モダリティ**の一種ですが、他のモダリティ形式よりもずっと多く使われています。また、話しことばだけでなく、書きことばでも使われます(書きことばでは「のである」の形になることが多いです)。

　では、「のだ」にはどんな意味があるのでしょうか。次の例を見てください。

🔊CHECK

　(1)　昨日は指導教官のパーティーがありました。
　(2)　昨日は指導教官のパーティーがあった<u>んです</u>。

　(1)は「のだ」がない文、(2)は「のだ(＝んです)」がある文ですが、2つの文を比べると、(2)ではその前に文があるような感じがしないでしょうか。このことを確かめるために、(1)と(2)を質問文の答えとして考えてみましょう。

🔊CHECK

　(3)　A「昨日、出かけていたみたいですね。」
　　　　B「ええ。？昨日は指導教官のパーティーがありました。」　←(1)
　　　　B「ええ。○昨日は指導教官のパーティーがあった<u>んです</u>。」←(2)

　この場合は、(2)は問題がないのに対し、(1)はやや不自然になることがわかります。これは次のような理由によります。

　「のだ」がついている文は、他の文と結びついて初めて一人前になります。このことを簡単な例で説明してみましょう。

⏷ CHECK

(4) (a)昨日は大学を休んだ。 (b)熱があったのだ。

(4)の文連続の中の(b)の文(つまり、「のだ」を含む文)は、前の部分(1つの文だけの場合もあるし、複数の文の連続である場合もあります)と結びついて全体で1つの意味を表します。こうした結びつきのことを**関連づけ**といいます。このことを少し、図式化すると次のようになります。

⏷ CHECK

| 文1(文2. ……)。 | Ｘ－のだ。 |

関連づけ

このように、「のだ」は関連づけを表すのですが、関連づけの方法(関連づけによって表される意味)はさまざまです。

(2)や(4)の(b)の場合は前の文についての**理由**を表しています。

⏷ CHECK

(3) A「昨日、出かけていたみたいですね。」
　　 B「ええ。昨日は指導教官のパーティーがあった<u>んです</u>。」←(2)
(4) (a)昨日は大学を休んだ。(b)熱があった<u>のだ</u>。

その他に、次のようなものもあります。

⏷ CHECK

(5) ああ、留守中に雨が降った<u>んだ</u>。

(5)の発言は、水たまりができているという状況についての話し手自身の**解釈**を表しています。なお、これは解釈なので、必ずしも事実と合っているかどうかはわかりません。たとえば、水たまりができていたのは、どこかの店の人が水をまいたためかもしれません。

これに対して、次のようなものもあります。

⏷ CHECK

(6) 彼は16歳から18歳まで英国で暮らした。
　　 英国の高校で勉強した<u>のだ</u>。

この場合は、(2)(「昨日は指導教官のパーティーがあったんです。」)とは違って、後の文(「英国の高校で勉強した」)は前の文(「彼は16歳から18歳まで英国で暮らした」)の理由ではありません。この場合は、前の文の内容を後の文で**言い換え**ているのです。こうした用法は、書きことばでよく使われています。1つ実際の例を見ておきましょう。

◇CHECK

> (7) 私の住む神奈川県には、『神奈川新聞』という最有力の地元新聞があります。(a)この新聞が、一九九一年春の入試シーズンに公立高校の合格者名の報道をしませんでした。(b)それまでは**毎年のせて**いた名簿が、その年はのらなかっ<u>たのです</u>。
>
> (岸本重陳『新聞の読み方』)

この場合も、(b)の文は(a)の文の言い換えになっていますが、このような言い換えが行われる理由を考えてみると、(a)の内容(「この新聞が、一九九一年春の入試シーズンに公立高校の合格者名の報道をしませんでした」)だけではそこで言いたいことの意図が十分に伝わらないと、筆者が考えたということが考えられます。そして、(b)の部分で、それまで毎年載っていた名簿がその年は載らなかったということを述べて、(a)の内容が重要な意味を持っているのだということを示しているのです。

こうした「のだ」は論説文や新聞などの解説記事などで頻繁に使われています。今見たように、こうした場合の「のだ」は、それまでの内容の言い換えであり、筆者がよりわかりやすい表現を使って述べているものです。ですから、読解の際にこうした「のだ」に注意をすることは、筆者の主張や論旨を把握する上で有効な方法であるといえます。

このように、「のだ」は形は小さいですが、日本語の中でとても重要な役割を担っているのです。

23 授受表現

❤ 恩の国、日本？

　親や友人にビデオ録画を頼んでおいて、そのことを確認するとき、(1)のように言いますか。それとも(2)のように言いますか。

⌂CHECK

　(1)　ねえ、頼んでおいたビデオ、録画した？
　(2)　ねえ、頼んでおいたビデオ、録画してくれた？

　(1)は失礼です。おそらく録画をした人は怒ってしまうでしょう。このような場合、(2)のように「〜てくれる」を使って言わなければなりません。
　「〜てくれる」は他の人が「私」（より正確には「私側の人」）によいことをしてくれたとき、その恩恵を表すために使う表現です。日本語ではこの表現がないと、失礼になって礼儀を知らないと思われることがあります。
　「〜てくれる」は非常に多く使われています。

⌂CHECK

　(3)　ボールを取ってくれてありがとう。
　(4)　時間がなくて困っていたんだけど、弟が手伝ってくれたの。

ボールを取ってくれてありがとう

　(3)では「ボールを取ってありがとう」ということはできません。感謝を表す表現の前には「～てくれて」を使います。(4)でも目下である弟に対して恩恵を表すために「～てくれる」を使っています(「～てくれる」を使わないと、「誰か他の人を手伝った」という意味になってしまうこともあります)。

　恩恵を表す表現はわかりました。では、**迷惑**だと感じた場合はどのような表現を使うのでしょうか。

　日本語では**受身文**は被害を受けたことを表す場合があります。

⌁CHECK

　(5)　新聞記事に私の家族のことを<u>書かれた</u>。

　(5)は「誰かが新聞記事に私の家族のことを書いた」という出来事を「私」がよいことではない、迷惑だと捉えていることを表しています。

　記事の内容がよいことの場合、「～てくれる」を使って次のように言います。

⌁CHECK

　(6)　新聞記事に私の家族のことを<u>書いてくれた</u>。

　さて、(6)のように言うとき、「～てもらう」を使っても似たような恩恵を表すことはできますが、ちょっと注意をしなければなりません。なぜなら「～てもらう」は「こちらから～させる」という意味を含むことがあるからです。「～てもらう」は恩恵を受ける側がそれを望んでいることを表す表現なのです。

⌁CHECK

　(7)　時間がなくて困っていたんだけど、弟に手伝っ<u>てもらった</u>の。
　(8)　君には辞め<u>てもらう</u>よ。

　(4)と(7)を比べてみてください。「私」が頼まなくても弟が手伝ってくれた場合には、(4)のように言うでしょう。(7)のように「～てもらう」を使って言うことはできません。「ボールを取ってもらってありがとう」がどこか変なのも、こちらから頼んで「ボールを取ってもらった」という感じがするからです。

　もう1つ恩恵を表す表現があります。それは**「～てあげる」**です。でも、同じ恩恵を表していても、次のように言うと何か変ですね。

(9)　？　そちらの品物もいっしょに包んであげましょうか。

(10)　？　先生、傘を貸してさしあげましょうか。

　日本語で「〜てあげる」やその謙譲語形の「〜てさしあげる」は、相手に恩恵を与えることを表します。気軽な関係であればかまいませんが、お客さんに対して(9)のように言うと恩着せがましいという印象を与えます。また、(10)のように目上に向かって「〜てさしあげる」を使うことは、実際には避けるのが普通です。

　いずれも相手に恩恵を与えることをことさらに表現しているために失礼になります。この場合、謙譲語を使って「お包みしましょうか」「お貸ししましょうか」という形で言うと適切な表現になります。

　ここまでは「〜てあげる」「〜てくれる」「〜てもらう」を使って恩恵を表す表現を見てきました。しかし、日本語は変なところもあって、このような恩恵を表すはずの表現が恩恵どころか逆に悪い影響を及ぼす場合に使われることもあります(「〜てやる」は「〜てあげる」の丁寧でない言い方です)。

(11) この野郎、ぶん殴ってやる。

(12) よくも悪口を言ってくれたな。

(13) 勝手なことをしてもらっては困ります。

　(11)(12)のような「〜てやる」「〜てくれる」は動作を受ける相手にとってその出来事が悪いことであることが明らかな場合に使います。特に「〜てやる」は聞き手に直接向かって言うことが多いようです。(13)のような「〜てもらう」は「〜てもらっては困る」「〜てもらっては迷惑だ」のような決まった表現として使われることがほとんどのようです。

　英語など事物が単数なのか複数なのかを単数形と複数形のように区別する言語は多くあります。ロシア語は出来事を全体として捉えるか部分として捉えるかで動詞の形を区別します。このように言語はそれぞれ出来事の捉え方に敏感な部分を持っています。恩恵的と捉えるか恩恵的でないと捉えるか、日本語はその区別に敏感な言語なのです。

24 敬語

❤ 鈴木先生は風邪で休むそうだ。

　私たちは、ことばを使って人とコミュニケーションを取る場合に、どのようなことに気をつかうでしょうか。伝えたい内容に過不足がなく、論理的な構成で、明瞭なことばづかいで伝えるということは、まずは気をつかうべきところでしょう。一方で、私たちは、コミュニケーションがより円滑に進むように、伝えたい内容が正しく伝わること以外にも、気をつかっていることがあります。それは、話題の登場人物や聞き手との人間関係、発話の場面に即した表現を適切に選ぶということへの配慮です。

　同じ内容を述べるのに、話題の登場人物・聞き手・場面などに配慮し、それに応じて使い分ける表現を**待遇表現**といいます。たとえば、「ペンを借りる」という場面では、およそ次のような表現を用いることができます。

⚲ CHECK

> （1）　（ペンを借りる場面で）
> お借りしてもよろしいでしょうか。　丁寧　　改まり　　遠ざけ
> 貸してくださいませんか。
> 貸してくれませんか。
> 貸してくれる？
> 貸して。
> ペン。　　　　　　　　　　　　ぞんざい　くだけ　　親しみ

　「ペンを借りる」という目的は1つですが、それを実現するための表現にはいくつもの**バリエーション**があるわけです。そして、どの表現を用いるかは、相手や場面などに対する「気をつかう度合い」を計りながら、よりふさわしいものを選んでいくことになります。

　日本語には、待遇表現のバリエーションの一角をなす重要な表現として、**敬語**というものがあります。敬語は、同じ内容を述べるのに、述べ方を変えることによって**敬意**あるいは**丁寧さ**を表すための（上向き待遇の）専用の表現です。(1)の例では、「お借りしてもよろしいでしょうか」「貸してくださいませんか」

「貸してくれませんか」と「貸してくれる？」「貸して」「ペン」では、使える相手が明確に区別されます。大ざっぱに言えば、前者は目上の相手、あまり親しくない相手に用い、後者は対等か目下の相手、親しい相手に用いる表現です。そしてその指標になるのが、敬語の有無です。前のグループの表現には、「です（でしょうか）」「ます（ませんか）」という聞き手に対する敬意を表す**丁寧語**が用いられています。

また、「お借りする」は、借りる相手（目的語）を高めて述べるという謙譲語Ⅰであり、「くださる」は与える主体（主語）を高めて述べるという尊敬語の表現です。**尊敬語、謙譲語Ⅰ**は、話題の登場人物に対する敬意を表す敬語であるため、素材敬語とも言われます。一方、丁寧語はもっぱら聞き手に対する敬意を表す敬語であるため、対者敬語とも言われます。

なお、謙譲語には「参る」や「申す」のように、話の場で聞いている人に配慮し、主体（主語）の行為をへりくだって（低めて）述べるという**謙譲語Ⅱ（丁重語）**もあります。例えば「先生のお宅に<u>伺います</u>」は正しいですが、「後輩の家に<u>伺います</u>」は不自然で、「後輩の家に<u>参ります</u>」が適切です。「伺う」は話題の登場人物を高める謙譲語Ⅰなので、目上である「先生」であれば問題ないのですが、目下である「後輩」を高めることは不自然であるため使えないのです。

一方、「参る」は、「後輩」ではなく聞き手を高める謙譲語Ⅱなので適切です。

謙譲語Ⅱ（丁重語）は、話題の登場人物、すなわち主体（主語）の行為について述べるという点では素材敬語の性格をもっていますが、その主体（主語）は多くの場合話し手自身となり、話し手が聞き手に対してへりくだる（聞き手を高める）表現となる点で、対者敬語的な性格ももっています。

ここで、話題の登場人物によって待遇表現を使い分ける例を見てみましょう。

⏻ CHECK

(2)　（鈴木（＝先生）を話題にして）
　　　Ａ（先生）「鈴木先生は、今日<u>いらっしゃる</u>かな？」
　　　Ｂ（学生）「いいえ、風邪で<u>お休みになる</u>そうです。」

(3)　（鈴木（＝学生）を話題にして）
　　　Ａ（先生）「鈴木君は、今日<u>来る</u>かな？」
　　　Ｂ（学生）「いいえ、風邪で<u>休む</u>そうです。」

---

　(2)では話題の登場人物が「先生」であり、その人物の行為を表す表現として、「いらっしゃる」「お休みになる」という尊敬語が用いられています。一方、(3)では「学生」を話題にしており、その行為には、「来る」「休む」という敬意を含まない表現が用いられています。

　ところで、次の(4)の例は、敬語法の規範に照らせば「違反」とされる表現ですが、私たちの日常ではしばしば観察されるようになっているものです。

⌂ CHECK

> (4)　(鈴木(＝先生)を話題にして)
> 　　A(学生)「鈴木先生、今日<u>来る</u>かな？」
> 　　B(学生)「いや、風邪で<u>休む</u>そうだよ。」

　目上の人を話題にする場合、その人の行為は尊敬語で表す、というのが、規範的な敬語の運用法です。ですから、(4)のような場面では、次のような表現をするのが、規範にかなったことばづかいであるといえます。

⌂ CHECK

> (5)　(鈴木(＝先生)を話題にして)
> 　　A(学生)「鈴木先生、今日<u>いらっしゃる</u>かな？」
> 　　B(学生)「いや、風邪で<u>お休みになる</u>そうだよ。」

　どうでしょうか。話題の人物が目の前にいるわけでもなく、会話をしている相手もお互いに親しい学生同士である、という場面で、(5)のような尊敬語を交えた表現を使うのは、かえってよそよそしい、という気がする人もいるかもしれません。そのように感じる人にとっては、話題の登場人物に対する敬語(素材敬語)も、目上の人と話す場面、あるいは改まった場面で発言するときに用いる敬語、すなわち「です」「ます」と同じく、対者敬語的に用いるものとなっているのでしょう。

　このように、現在、親しい者同士の内輪の会話では、話題の登場人物が目上の人物であっても、その人物に対して特に敬意を示す表現を用いない、ということが起きるようになっています。これは、現代敬語の運用法が、敬意の対象となる人物そのものへの配慮よりも、話し手と聞き手の関係、および場面(改まっているか、くだけているか)に配慮して、ふさわしい表現を選択するというものに変わってきていることを示しています。

この電車にはご乗車できません。

文化庁が実施している「国語に関する世論調査」では、「敬語の正誤」というテーマが何度か取り上げられています。その中から、平成 9（1997）年度調査と平成 11（1999）年度調査の結果の一部を紹介しましょう。（回答者は地域、世代、性別などに配慮してサンプリングされた約 2,200 人。数字は「正しく使われていると思う」または「気にならない」とする回答率。(1)～(3)は平成 9 年度調査、(4)～(6) は平成 11 年度調査による。）

(1) この電車にはご乗車できません。..63.2%
(2) 先ほど中村さんがお話しされたように、この本はとても役に立ちます。
　　..72.6%
(3) ただいま会長が申されたことに賛成いたします。........................56.7%
(4) 昼食はもういただかれましたか。...41.5%
(5) 先生はあの展覧会を拝見されましたか。....................................55.5%
(6) あの病院は午後伺われたほうがすいていますよ。.......................40.1%

(1) から (6) までの表現には、共通点があります。それは、本来は謙譲語である表現を尊敬語として用いているという点です。

(1) は謙譲語「ご～する」の可能形です。行為が目上の相手に及ぶ動作である場合、たとえば、「駅までなら私も（先生を）ご案内できます」のように、謙譲語として使った場合は正用です。尊敬語であれば、「ご乗車になれません」とするべきところです。

(2) から (6) では、謙譲語動詞の後ろに尊敬語を作る接辞「(ら) れる」を付けていますが、こうした「謙譲語＋尊敬語」の表現は、現代敬語の規範からは、誤用とされるものです。それぞれ、(2)「お話しになった」、(3)「おっしゃった」、(4)「召し上がりましたか」、(5)「ご覧になりましたか」、(6)「いらっしゃった」などとするのが適切だと考えられます。

ただし、こうした表現は、調査の結果にも現れているように、一般にはかなり受け入れられているようです。これは、上のような表現が、もはや謙譲語としてではなく、話し手のことばづかいを品格のある丁寧なものにするという働きで捉えられるようになってきているためだと思われます。

25　日本語学習者の日本語

✔「明日持ってきてくれますね?」「はい、そうですね。」

　日本語を学ぶ外国人が増えています。日本という国に親しんでくれる人が増えることは、とてもうれしいことです。そしてまた、日本語の研究は、外国人学習者の存在によって大きく進展しました。たとえば、こんな場面を考えてみましょう。

　留学生のヤンさんは、大学の事務室に書類を持っていきました。しかし、書類のうちの1枚を家に忘れてきてしまいました。

⌖CHECK

(1)　係 の 人「じゃあ、それ、明日持ってきてくれますね?」
　　　ヤンさん「はい、そうですね。」
　　　係 の 人「え?　持ってきてくれないんですか!?」
　　　ヤンさん「は、はい、持ってきます。」

「明日持ってきてくれますね?」「はい、そうですね。」

係の人に急に怒られて、ヤンさんはちょっと驚いてしまいました。ヤンさんのどこがいけなかったのでしょうか。どうやら「はい、そうですね。」に問題が

ありそうです。

　この「はい、そうですね。」の問題は、2つあります。1つは「ね」を使ったこと、もう1つは「そうです」を使ったことです。まず「ね」について、考えてみましょう。

🔊 **CHECK**

> (2)　A「このコーヒー、おいしいですね。」
> 　　　B「そうですね。」
>
> (3)　A「今日は寒いですね。」
> 　　　B「そうですね。」

相手が「ね」と言った場合に、自分も「ね」で答えることができる場合があります。このA・Bの「ね」は、状況を共有しているときに、自分と相手の考え・意見が同じであることを確かめ合う「ね」だといえます。Aの「ね」は**同意**を求めており、Bの「ね」は同意を表明しています。このような場合は質問でも答えでも「ね」が現れます。

　しかし、次のような場合では、答えに「ね」が使えません。

🔊 **CHECK**

> (4)　C「あ、はじめまして。ディーンさんですね。」
> 　　　D「×はい、ディーンですね。」
> 　　　C「日本語、話せますね。」
> 　　　D「×はい、大丈夫ですね。」

この場合のCの「ね」は、相手の方がよく知っていることを質問する「ね」で、「か」と置き換えることもできます。このような「ね」は、自分の意見が正しいかどうか、相手の**確認**を求めているのです。質問されたD（ディーンさん）は、肯定または否定の返事をすることになります。

　事務室でヤンさんが受けた質問は「明日持ってきてくれますね。」でした。これはヤンさんの行動を聞いているもので、ヤンさんの方がよく知っていることを尋ねる質問になっています。ですからヤンさんは「ね」を使わないで返事をするべきだったのです。

　もう1つの問題点は「そうです」でした。

⌂CHECK

(5)　E「あの、失礼ですが、ファンさんですか。」
　　　F「はい、そうです。」
　　　E「ファンさんは、中国の方ですか。」
　　　F「はい、そうです。」
　　　E「日本へいらっしゃったのは初めてですか。」
　　　F「はい、そうです。」

このような質問と答えでは「はい、そうです。」は不自然ではありません。しかし事務室の会話や、次のような場合には「はい、そうです。」を使うことができません。なぜでしょうか。

⌂CHECK

(6)　G「この部屋、寒いですか。」
　　　H「×はい、そうです。／○はい、寒いです。」

(7)　G「コンピュータは便利ですか。」
　　　H「×はい、そうです。／○はい、便利です。」

(8)　G「昨日、薬を飲みましたか。」
　　　H「×はい、そうです。／○はい、飲みました。」

(5)の会話と(6)(7)(8)の会話で違う点はどこでしょうか。それは、(5)のEの文がすべて「名詞＋ですか。」という質問になっていることです。「名詞＋ですか。」という質問には、「はい、そうです。」と答えることができます。「名詞＋ですか。」というのは、「名詞＋です」という文の質問文の形です。「名詞＋です」という文を**名詞述語文**と呼びます。

　日本語には名詞述語文の他に、**形容詞述語文**、**形容動詞述語文**、**動詞述語文**があります。次のようなものです。

⌂CHECK

(9)　富士山は高いです。…形容詞述語文
(10)　富士山は有名です。…形容動詞述語文
(11)　富士山に登りました。…動詞述語文

この文末に「か」をつけると、質問文になります。

⌇ CHECK

> （12）富士山は高いですか。
>
> （13）富士山は有名ですか。
>
> （14）富士山に登りましたか。

これら形容詞述語文・形容動詞述語文・動詞述語文に答えるときは、「はい、そうです。」「いいえ、そうではありません。」を使うことはできず、同じ形容詞・形容動詞・動詞をもう一度使って答えます。

　事務室でヤンさんが受けた質問は「明日持ってきてくれますね。」という動詞述語文の質問でしたから、「はい、そうです。」とは答えられません。この場合は、質問文で用いられた動詞を使って「はい、持ってきます。」と答えればよかったのです。

　「ヤンさんですか？」「はい、そうです。」こんな問答を習った外国人は、「コーヒー、飲みますか？」と聞かれても「はい、そうです。」と答えたくなってしまうでしょう。その気持ちは、よくわかります。しかし、「そうは言えない」「それはちょっとおかしい」となったとき、そしてそのことを説明しなければならなくなったときにはじめて、日本語の中に存在することばの規則に気づくことがよくあります。日本語を学ぶ外国人が増え、彼らから発せられるさまざまな疑問・質問に答えていく中で、日本語の研究はますます進展していくことが期待されます。

第4部

日本語の変化と
多様性

ひとくちに「日本語」といっても、それはただ1つの
ものではありません。歴史的な変化もありますし、方
言による違いもあります。一人の人が場面によってこ
とばを使い分けることもあります。ここでは、歴史、
地理、社会の面から日本語を見ていきます。

26 ら抜きことば

✔「見れる」も「着れる」も歴史の証人

　上のタイトルの「見れる」「着れる」はら抜きことばと呼ばれる言い方になっています。ら抜きことばというのは、一段活用動詞「見る」「着る」「食べる」などの可能を表す形として、「見られる」「着られる」「食べられる」ではなく、「見れる」「着れる」「食べれる」のような「ら」がない(「ら」が抜けた)言い方をすることです。

　ら抜きことばはよく「ことばの乱れ」の例とされます。「乱れ」というのは「正しくない」ということで、「正しい」ことばづかいをする人たち(年配の人に多い)には、こうした表現は「日本語を破壊する」ものに見えるようです。

　でも、本当にそうでしょうか。次のような言い方を考えてみましょう。

> **CHECK**
>
> (1)　先生は昔はたくさんお酒を<u>飲まれた</u>そうですね。　　　　　[尊敬]
>
> (2)　あとで飲もうと思っていたワインを妻に<u>飲まれて</u>しまった。[受身]
>
> (3)　こんなまずいワインは<u>飲めない</u>。(×飲まれない)　　　　　[可能]

　(1)(2)(3)の下線部には「飲む」という動詞のよく似た形が使われていますが、(3)では「飲まれる」という尊敬や受身と同じ形は一般的ではありません。「飲める」のような五段活用動詞の可能を表す動詞の形を可能形(または可能動詞)といいますが、現代の日本語では可能形は尊敬や受身とは違う形です。

　では、昔からそうだったのでしょうか。次の例は森鷗外の小説の例です。

> **CHECK**
>
> (4)　「そうね。こんな物じゃあ<u>飲まれはしない</u>わ」(森鷗外「杯」)

　この例の下線部は現代なら「飲めはしない」になります。つまり、明治時代には現代の「飲める」を「飲まれる」と言っていたのです。要するに、昔は可能の場合も尊敬や受身と同じ形が使われていたのです。このことを次の表で確認してみましょう。

　この表から、明治時代には「-areru」という形は「可能、受身、尊敬」を表していたのが、現代までの間に可能だけが別の形になったことがわかります。

CHECK

(5)　五段活用動詞

可能	飲まれる nom-areru
尊敬	
受身	

明治時代

可能	飲める　　nom-eru
尊敬	飲まれる nom-areru
受身	

現代

　同じことが一段活用動詞でも起こっていると考えたらどうなるでしょう。実は、ら抜きことばというのはそうした表現なのです。

CHECK

(6)　一段活用動詞

可能	
尊敬	見られる mi-rareru
受身	

現代の「正しい」表現

可能	見れる　　mi-reru
尊敬	見られる mi-rareru
受身	

ら抜きことば

　(6)からわかるように、可能の形における現代の「正しい」表現とら抜きことばの関係は(5)に見られる五段活用動詞で起こった変化と同じものです。もし、そうだとすれば、尊敬や受身の場合にら抜きことばは使われないはずですが、実際にそうです。

CHECK

(7)　×先生は休みの日はどんなテレビを<u>見れる</u>んですか。　　　［尊敬］
　　　　　　　　　　　　　（○見られる）

(8)　×林君とデートしているところを彼に<u>見れた</u>。　　　　　　［受身］
　　　　　　　　　　　　（○見られた）

　ここまででおわかりのように、ら抜きことばは現在起こりつつある変化です。変化の理由は活用による違いをなくすためと考えられます。(5)と(6)をよく見ると、どちらの場合もなくなっているのは「-ar-」という部分であることがわかりますが、このことからも(5)と(6)が同じものだということがわかります。

　このように、ことばは変化するものです。その変化は少しずつ進みます。そして、母語話者は現在起こりつつある変化に対してはいつも保守的なのです。

27　現代語に残る古典語

✔「眠れる森の美女」は「眠ることができる森の美女」？

　チャイコフスキーの 3 大バレエの 1 つに「眠れる森の美女」という作品があります。妖精の呪いで眠り続けるお姫様の目を王子様が覚まさせるという話ですが、この「眠れる」美女とはどういう意味でしょうか。

　「眠れる」とは、現代語では「眠ることができる」という可能の意味を表しますが、このバレエは「眠ることができるお姫様」の話ではありません。この「眠れる」は何でしょうか。

　それを考えるためには、現代語の文法の知識だけでは足りません。実は、これは**古典文法(文語文法)**を使った表現で、「眠れる」とは「眠っている」という意味なのです。

眠れる森の美女

　「き・けり」「つ・ぬ・たり・り」ということばを聞いたことがありますか。これは古典文法の**過去**と**完了**の**助動詞**と呼ばれているものです。「き・けり」は古典語で過去を表しましたが、どちらも現代語では消えてしまいました。

現代語で過去は「〜た」と表しますが、この「た」は完了の「たり」から来ています。

　では「眠れる」の「る」はどれでしょうか。完了の助動詞「つ・ぬ・たり・り」の最後の「り」がこれに当たり、現代語でも「至れり尽くせり」などの表現に残っています。「り」が動詞「眠る」に付く場合、終止形では「眠れり（眠っている）」となりますが連体形では「眠れる姫（眠っている姫）」となるのです。

　「〜ている」の意味を持つ「〜る」の例としては、たとえば「持てる力を振り絞って戦った」などの「持てる」もそうです。これは「持つことができる力」と解釈されそうですが、正しくは「持っている力」という意味です。「迷える子羊」（聖書のことば）、「12人の怒れる男」（映画のタイトル）、これらもみな同じで、「〜することができる」という意味ではなく、「〜している」と解釈して初めて意味が通じます。

　現代語の中にも古典の文法によって構成される文が残っています。他にはどんな表現があるでしょうか。

　たとえば、「なくなった先生の在りし日を偲ぶ」という言い方の「在りし日」とはなんでしょうか。「在り」は存在を表す「あり」つまり現代語の「ある」でしょう。では「し」は？

　これは、先ほど**過去**の助動詞として挙げた「き」の連体形です。現代語の「あった（過去）」は古典では「在りき」といい、それが連体形の場合は「在りし日」となります。つまり「先生の在りし日」とは「先生が存在した日」「先生がご存命だった日々」という意味になります。「来し方行く末」の「し」もそうですね。「どうなることかと思いきや、意外や意外、簡単に済んでしまった」という場合の「思いきや」の「き」も同じで、「思いきや」で「思ったところが」というような意味を表しています。先ほど「き・けり」は現代語では消えてしまったと述べましたが、実はこんなところにひっそりと生き残っています。

　堀辰雄の小説に『風立ちぬ』という作品がありますが、これは「風が立たない（おこらない）」という**否定（打ち消し）**の意味ではなく、「風が立った」という意味です。この「ぬ」は**完了**の「ぬ」です。ちなみに、否定を表す「ぬ」は「風立たぬとき」のように、名詞を修飾するときの形です。

　「そんなつまらない仕事、あの人なら断りこそすれ、引き受けるなんて考えられない」などという言い方があります。「断りこそすれ」とはどういう意味

でしょうか。だいたい「たとえ断（ることはあ）っても」というような逆接条件の意味になるだろうということはわかります。「こそすれ」はどういうことばなのでしょうか。「こそ」は助詞のようですが「すれ」は何でしょう。

「こそすれ」は、助詞、正確には**係助詞**の「こそ」に、動詞「す」（現代語の「する」）の已然形「すれ」が続いたものです。已然形というのは、現代語で考えるなら仮定形で、「する」の仮定形は「すれ（ば）」ですね。この「すれ」が「こそ」に付いているのです。

では、なぜ「こそすれ」と、ここに已然形が来るのでしょうか。これがいわゆる**係り結びの法則**です。係助詞「こそ」が現れた文では、述語を終止形ではなく已然形で結ぶという決まりがありました。それで「こそ」の後ろに「す」の已然形「すれ」が来て「こそすれ」となるのです。

「情けは人のためならず」ということわざの意味を知っていますか。これを①「情けは人のためにならない、情けは人の役に立たない」と解釈する人が増えてきているようですが、本来は逆で、②「情けは人のためではない（自分のためだ）」つまり「人に良いことをすればいつか自分に返ってくるから、人には親切にしなさい」という意味です。どうしてこのような2つの解釈が出てきてしまったのでしょうか。

①では「ためならず」は「ためにならない」と解釈されています。つまり「ためならず」の「なら」を「ためになる・ならない」の「なる」と考えているのです。この「なる」は動詞で、「兄が医者になる」の「なる」と同じです。

しかし、「ためならず」の「なら」は「ためになる・ならない」の「なる」とは異なります。古典語の「〜なり」は、「本日は晴天なり」からわかるように、現代語の「〜だ」という**断定**の表現に当たります。その打ち消しが「〜ならず」なのであり、「ためならず」は「ためではない」となります。それで②の「情けは人のためではない（自分のためだ）」という意味が出てくるのです。

現代語は古典語と連続していますから、時々古い表現がそのまま固定して残っているものに出会うことがあります。こうした表現を分析することによって古典語の文法の知識を増やしていくと、遠い古典の世界のことばも少し身近に感じられるのではないでしょうか。

28 日本語の地域差

✔ 「だよね」と「そやな」

　1990年代にミリオン・セラーを記録したヒップホップグループ EAST END（イースト　エンド）× YURI（プラス　ユリ）の「DA.YO.NE」。これは、日本語によるラップが一般に認知されたというだけでなく、その後、札幌版(DA.BE.SA)、仙台版(DA.CHA.NE)、名古屋版(DA.GA.NE)、大阪版(SO.YA.NA)、広島版(HO.JA.NE)、博多版(SO.TA.I)という「地方バージョン」が続々と出現したことでも話題になりました。「便乗物」とはいえ、そこで発揮された現代的かつ地域色豊かな表現は、方言を失う一方であるかのように見える若い世代においても、なお根強く残る**ことばの地域差**の存在を浮き彫りにしています。

　それではまず、その最初のフレーズを、東から西(北から南)へ、順番に見てみましょう。

🗨 CHECK

[札　　幌]	だべさー	言えばいっしょやさ	そんな時だらさ
[仙　　台]	だっちゃねー	言うすかねえっちゃね	ほいな時だらね
[東　　京]	だよねー	言うっきゃないかもね	そんな時ならね
[名 古 屋]	だがねー	言わないかんがやー	そんな時だでよお
[大　　阪]	そやなー	言わなしゃあないな	そんな時にはな
[広　　島]	ほじゃねー	言わにゃいけんよね	そがな事ならね
[博　　多]	そーたい	言うしかないっちゃん	そんな時やけん

　「だべさ」「だっちゃね」「だよね」「だがね」の「だ」と、「そやな」の「や」、「ほじゃね」の「じゃ」の使用地域は、伝統的な方言の断定辞の地域差を反映したものとなっています。日本語の方言が東西で異なるものがあることはよく知られていますが、断定辞もその1つです。その境界線は、およそ富山・新潟県境から、岐阜・長野県境、三重・愛知県境を走り、おおむね東側では「だ」、西側では「じゃ」（近畿地方では「や」）が用いられています。この地域差が、現在の若者のことばの地域差にも残っているのです。なお、博多は本来、断定辞に「じゃ」を使う地域ですが、この地域では若い世代での関西弁志向が強く、

上のフレーズでも、「そんな時やけん（そんな時だから）」のように「や」が使われていることには、注意しておきたいところです。若い世代のことばは、単純な共通語化だけでなく、他方言の影響を受けて変わることもあるのです。

「だべさ」「だっちゃね」「だよね」「だがね」が「だ」で始まるのに対し、「そやな」「ほじゃね」「そーたい」は、「そう」に当たる指示語で始まっています。これも日本の**方言の東西差**が反映した表現だと考えられます。

札幌の「そんな時だら」、仙台の「ほいな時だら」の「だら」は「なら」に当たるものとして用いられていますが、ここに北海道・東北方言の連続性を見ることができます。名古屋の「言わないかん」、大阪の「言わなしゃーない」、広島の「言わにゃいけん」では、「〜しなければならない」の「なければ」に当たる表現に連続性が見られます。いずれも「ねば」に由来する表現で、西側の方言の特徴になります（否定辞の東西境界線は、北部は断定辞と同様に富山・新潟県境から岐阜・長野県境を走り、南部は愛知・静岡県境を走ります）。一方、文末の表現を見ると、札幌の「さ」、仙台の「ちゃ」、名古屋の「がね」、大阪の「な」、博多の「たい」など、その地域の特徴的な表現が、若い世代にも受け継がれていることがわかります。

「だよね」の地域差

　ところで、若者の使う方言には、以上のような上の世代から直接受け継いだものだけでなく、新しく生まれた地域差のある表現も含まれています。その例として、「とても」に当たる強調語を見てみます。

♀CHECK

［札　幌］	<u>なっまら</u> マジメなツレ
［仙　台］	<u>んっと</u> お洒落な彼／二人んどぎは <u>んっと</u> 優すいーの
［東　京］	<u>すごく</u> お洒落な彼／二人の時は <u>超</u> やさっしーの
［名古屋］	<u>えらい</u> お洒落な彼／二人の時は <u>でら</u> 優しいでかんわー
［大　阪］	<u>めちゃくちゃ</u> お洒落で／若いけど会社では <u>ごっつう</u>エリート
	／二人の時は <u>めっちゃ</u> やさしいねん
［広　島］	<u>ぶち</u> お洒落な彼／二人の時は <u>ぶち</u> やさしんじゃー

　上の下線部分の表現は、東京版がそうであるように、若者ことばの「ちょー（超）」に近いニュアンスで使われているものです。なお、博多版には残念ながら強調語が用いられていませんが、博多では「ばり」という強調語がよく用いられるようです。この他の地域にも、「しったけ」（秋田）、「ぼっけ（え）」（岡山）、「がば（い）」（佐賀）、「まうごつ」（熊本）、「でげ」（宮崎）、「わっぜ（え）」（鹿児島）、「でーじ」（沖縄）など、各地にさまざまな強調語があります。

　ところで、秋田の「しったけ」は「死ぬだけ」に由来するもののようですが、上の世代ではあまり用いられていません。名古屋の「でら」も、「どえりゃー（どえらい）」から変化した語で、比較的新しい表現ということになります。また、熊本の「まうごつ」は、現在の中年層世代ではいったん使われなくなったものが、若い世代で「まーごっ・まっごつ」と形を変えて「再生」しつつある、という報告があります。このように、強調語は地域的なバリエーションが豊富で、しかも若い世代が好んで用いる新しい表現が、盛んに作られています。

　現在、伝統的な方言は、消滅の一途をたどっているかのように見えますが、その結果、日本語からことばの地域差がまったく消えてしまうのかというと、そうではありません。若い世代に受け継がれる方言や、若い世代が好んで用いるようになる新しい方言によって、現在も日本語には、多様なことばの地域差が認められるのです。

29 方言の周圏分布

❤ なめくじもかたつむり

　ことばの地域差が生まれる原因の1つに、「都（みやこ）」からの距離、ということがあります。文化や経済、行政の中心地である「都」は、新しい思想や品物を次々と生み出す流行の発信地です。「都」は「地方」にとってあこがれの対象であり、そこで生まれた流行は「地方」でも取り入れられるようになります。ことばも同様に、「都」ではやっていることばが「地方」にも広がる、ということが起きます。このとき、「都」からの距離が近いところと遠いところでは、ことばが伝わる時期がずれ、その結果ことばの地域差が生まれます。現代の私たちの社会のように、交通網やマスメディアが発達していなかった時代には、「都」からの距離が近いところほど物事は早く伝わり、遠いところほど遅れて伝わっていたと考えられるからです。

　民俗学者の**柳田国男**（やなぎたくにお）(1875-1962)は、「かたつむり」の方言の全国分布を調べ、その語形を、ナメクジ系、ツブリ系、カタツムリ系、マイマイ系、デデムシ系の5つに分類しました。これらの語形の分布状況は、およそ次のようなものです。

	沖縄	九州	中国	四国	近畿	中部	関東	東北
ナメクジ系	○	○	○					○
ツブリ系		○						○
カタツムリ系		○	○	○		○	○	○
マイマイ系			○			○		
デデムシ系				○	○			

　かつて「都」のあった近畿地方に見られるデデムシ系は、最も新しく生まれた語形だと考えられます。その他の語形は、間に近畿地方を挟んで東西に分布します。これらは、かつて「都」で使われていたものが、順次「地方」に伝わり、それぞれの地域にたどりついたものと考えられます。中心からの距離により、マイマイ系、カタツムリ系、ツブリ系、ナメクジ系の順で、前のものほど新しく生まれた語形だといえるでしょう。

　こうしたことばの分布のパターンは、**周圏分布（ＡＢＡ分布）**といわれていま
す。池に小石を投げ入れたとき、水面にできた波紋が、中心から周辺に向かっ
て広がるように、ことばも中心から周辺に向かって広がる、ということを反映
した分布です。このとき、中心にあることばほど新しく、周辺にあることばほ
ど古いことばだと考えることができます。ことばの分布図は、各地でどのよう
なことばが使われているかを知るだけでも興味深いものですが、そこに周圏分
布を見いだすことができれば、語形の発生の前後関係、つまり**ことばの歴史**を
探ることが可能になるのです。

　ところで、みなさんは、人をののしることばとして、ふだん、どのようなこ
とばを使いますか。東京ではバカ、大阪ではアホということばが使われること
はよく知られています。こうしたバカやアホに当たることばの全国分布図が次
のページにあげてありますので見てみましょう。

　アホは、近畿地方のほぼ全域に分布しています。バカは関東地方を中心とし
た東日本だけでなく、西日本の中国・四国・九州地方でも使われています。さ
らに遠く離れた東北地方と九州地方にホンジナシが見られます。その他の語形
も、離れた地域に分布するものがありますね。それでは、この分布図から、
「アホ・バカことば」の歴史を読み取ってみてください。

　周圏分布は、「かたつむり」や「アホ・バカことば」のような、**語彙**的なも
ののことばの歴史を読み取るのには大変有効です。語彙的なものは、離れた地
域で同じ語形が別々に生まれることは考えにくいからです。それに対して、**発
音や文法**などでは、周辺にあることばが古いもの、とは言えない場合がありま
す。たとえば、「ない」を「ネー」とか、「おまえ」を「オメー」というように
連母音の「あい」「あえ」を「えー」などと発音する地域がありますが、これ
は日本列島の中心よりも周辺に多く見られます。また、「オキレ（起きろ）」「ネ
レ（寝ろ）」のように、一段動詞の命令形の語尾に、ラ行五段活用動詞の命令形
（乗れ、取れ等）に類推して「〜レ」を用いる方言が、東北や九州に見られま
す。これらは、周辺のことばの方が新しく、中心に古いことばが残っていると
いうものです。発音や文法は語彙的なものと違って、同じ変化が別々の地域で
起きることもあり得ます。**発音のしやすさ**や、**体系的な整合性**の確保に向かう
変化は、別々に生じても同じ結果を生みやすいからです。

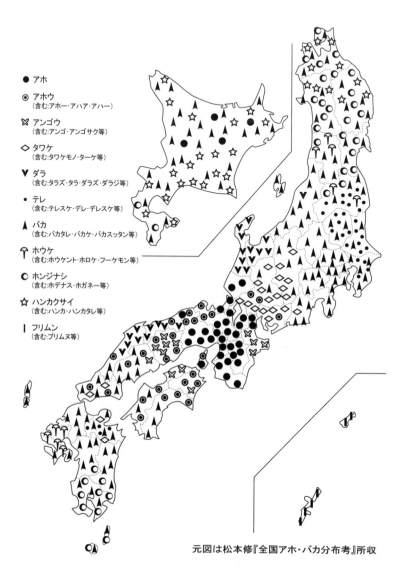

凡例

● アホ

◉ アホウ
（含む:アホー・アハア・アハー）

✖ アンゴウ
（含む:アンゴ・アンゴサク等）

◇ タワケ
（含む:タワケモノ・ターケ等）

∨ ダラ
（含む:ダラズ・タラ・ダラズ・ダラジ等）

・ テレ
（含む:テレスケ・デレ・デレスケ等）

▲ バカ
（含む:バカタレ・バカケ・バカスッタン等）

⋔ ホウケ
（含む:ホウケント・ホロケ・フーケモン等）

◖ ホンジナシ
（含む:ホデナス・ホガネー等）

☆ ハンカクサイ
（含む:ハンカ・ハンカタレ等）

∣ フリムン
（含む:プリムヌ等）

元図は松本修『全国アホ・バカ分布考』所収

全国アホ・バカ分布図（略図）

国語と日本語、母語と母国語

　みなさんは高校までの学校教育で現代文や古文、漢文などを勉強していると思いますが、その科目の名前は何というでしょう。こう聞かれたら、おそらくほとんどすべての人は「国語」と答えるでしょう。一方、大学などで日本のことばを勉強する外国人が増えていますが、この場合の科目名は何というでしょう。答えは「日本語」です。

　このことは、一見当たり前のようで、実は当たり前ではない問題を含んでいます。つまり、同じ Japanese に関する科目名が、それを学ぶ人によって違っているのです。ちなみに、英語にはこうした違いはありません。このように、現在の基準では、日本人に Japanese を教える科目は「国語」、外国人に対する場合は「日本語」ということになっています。しかし、「国語」ということばには問題があります。次のような状況を考えてみましょう。

　ヤンさんは日本の大学で博士号を取るために家族連れで来日しました。子供のヨン君が日本の小学校に入ることになりました。ヨン君は日本語を学ぶ必要があるし、学びたいと思っていますが、それは日本人になるためではありません。しかし、「国語」ということは「国のことば」という意味ですから、「国語」を学ぶというと、どうしても日本という「国」のことを意識せずにはいられないことになります。

　「国語」ということばには実質的な点でも問題があります。それは、「国語＝日本人のための科目＝日本語について外国人に教えるように教える必要はない」といった図式から、どうしても、その中にヨン君のような日本語を native language としない人に対する視点が欠けてしまうということです。また、そうした視点から日本語を見直すことは母語話者に対する教育にも有効であるはずです。今、native language という英語を使いましたが、この語の和訳は以前は「母国語」でした。しかし、この語にも同じような問題があります。たとえば、在日コリアン（韓国・朝鮮人）三世の人たちのことを考えてみましょう。

　この人たちの両親や祖父母は、歴史的事情から日本に定住せざるを得なくなったわけですが、この人たち（三世）の多くは生まれたときから日本語で考え、話してきています。つまり、彼らの native language は日本語なのです。しかし、それは彼らの「母国語」ではありません。なぜなら、彼らは日本という「国」に対してアイデンティティを持っているわけではないからです。こうした問題に対する反省から、現在では「母国語」ではなく「母語」ということばが一般に使われています。

　ことばについて考える際には、こうした何気なく使っていることばの背後にある問題点に目を向ける気持ちを常に持っていたいものです。

30 ことばの位相差

✔ そちらのお品をあっしにくだちゃい。

次のイラストを見て、それぞれのキャラクターにふさわしいと思うことばづかいを考えてみましょう。たとえば、「それを私にくれ」という内容の日本語を、それぞれのキャラクターに合うと思う言い方に直してみてください。

①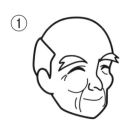

②

③

④

⑤

⑥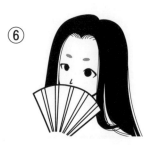

どうでしょうか。すべてのキャラクターに、まったく同じ表現を当てはめることにはならなかったと思います。一例を挙げておきましょう。

> **CHECK**
>
> ① それをわしにくれんかのう。
> ② そちらのお品をわたくしにくださいませんこと？
> ③ それ、あたしにくんなーい？
> ④ そいつをあっしにおくんなせえ。
> ⑤ それ、ボクにくだちゃい。
> ⑥ それをわらわにたもれ。

　これらの表現を混交させて、「そちらのお品をあっしにくだちゃい」とか、「そいつをわしにくんなーい？」などと言うと、非常に奇妙な感じがしますね。使われる表現の組み合わせにも、適切な組み合わせとそうでない組み合わせがあるようです。

　同じ内容を表す日本語であっても、話し手の年齢、性別、職業、階層、出身地などの属性によって、異なる言い回しがなされることを、私たちは何となく理解しています。また、同じ個人であっても、場面が変われば、ことばづかいが変わることがあります。聞き手が目上の人であるか、目下の人であるか、あるいは、発言の場が改まった公的な場面であるか、くだけた私的な場面であるかによって、同じ内容のことでも異なった言い回しで表現します。さらに、口頭で伝えるのか、手紙、電子メール、電報で伝えるのか、といった伝達手段の違いも、言語表現の選択に影響を与えます。このように、**話し手の属性**や**使用場面、伝達手段**などによって、ことばがさまざまに異なった姿を生じる現象を、**ことばの位相**といいます。

　ことばの位相差は、現実のことばの使用場面にさまざまに観察されます。位相差をなすことばには、老人語、若者語、男性語、女性語、業界用語などの集団語、共通語と方言の違い、敬語の使用の有無、話しことばと書きことばの違いなど、さまざまなものがあります。ことばの意味には、概念的な意味(指示対象を表す意味)とともに、こうした**社会的な意味**というものもあるわけです。そして、私たちの「ことばを使いこなす能力」の中には、自分のキャラクターにふさわしい言語表現を選び、また、場面にふさわしい言語表現を選ぶことができるという、ことばの社会的な意味を理解し、運用する能力も含まれて

いるのです。

一方、先に見たように、私たちは、ある種の類型化がなされたキャラクターには、それにふさわしいことばづかいがある、という知識をも共有しています。このことは、さらに、現実社会には存在しない「平安時代の貴族」や「宇宙人」や「ことばを発するネコ」にも、そのキャラクターにふさわしいことばづかいを想定するところにまで至ります。

次の会話は、宮崎 駿（はやお）のアニメーション映画「もののけ姫」の中にある会話です。この会話の「猩々（しょうじょう）」のセリフにはどのような特徴がありますか。また、その特徴からは、「猩々」が、どのような性質のキャラクターであることがわかりますか。

CHECK

> 猩々（森の生き物）　　「その人間食わせろ。」
> サン（主人公の少女）　「猩々達、森の賢者と賛えられるあなた達が、な
> 　　　　　　　　　　　ぜ人間など喰おうというのか。」
> 猩々　「人間喰う。人間の力もらう。人間やっつける力欲しい。だから喰
> 　　　う。」
> サン　「いけない。人間を食べても人間の力は手に入らない。あなた達の
> 　　　血が汚れるだけだ。猩々じゃなくなっちゃう。」
> 猩々　「木植えた。木植え、木植えた。皆人間抜く。森戻らない。人間コ
> 　　　ロシタイ。」
>
> 　　　　　　　　（宮崎駿「もののけ姫」『'97年鑑代表シナリオ集』映人社）

猩々のセリフには、1文が短い、助詞が省略されている、などの特徴が見られます。この作品に登場するのは、主に、人間と太古からの森の主たち（神々）とこの猩々ですが、人間と神々がそれぞれのキャラクターに応じた「なめらかな日本語」を操るのに対し、猩々のことばは「たどたどしい日本語」「カタコトの日本語」で特徴づけられています。人間とも神々とも異なる存在であり、理性という点において野生動物に近い「第3の生き物」としての猩々のキャラクター付けが、こうしたことばづかいに現れているといえるでしょう。

31　現代敬語の特徴

✔ 敬語は敬意の表現にあらず？

　ある人物について述べるのに、敬語を使うか使わないかの規準には、**上下関係**（年齢、職階、身分など）、**立場関係**（客と店員、先生と生徒など）、**親疎関係**（親しいか親しくないか）などがありますが、現代日本語の敬語は、親疎関係によって運用される傾向が強いことに特徴があります。

　たとえば、現代日本語では、子供が父親の行為について他人に述べる場合に、次のように尊敬語を用いることは不適切だとされます。

> ⚲CHECK
>
> （1）　お父さんはもうすぐお帰りになります。

ここで適切な表現は、尊敬語を用いない次のような表現です。

> ⚲CHECK
>
> （2）　父はもうすぐ帰ります。

　このようにたとえ目上であっても、身内のことを他人に述べる場合には、その人のことを上げてはならない、というのが、現代日本語の敬語の運用上の規則です。この規則は、さらに、実際の身内（家族）だけでなく、たとえば「職場」のような、ある人が所属する社会的な集団にまで適用されます。

> ⚲CHECK
>
> （3）訪問者　「すみません、営業2課の鈴木課長はいらっしゃいますか。今日お会いする約束になっていたのですが。」
>
> 　受付係　「はい、少々お待ちください。……もしもし営業2課ですか。鈴木課長はいらっしゃいますか。お客様がお見えですが。……ああ、そうですか。わかりました。そのようにお伝えします。」
>
> 訪問者　「どうかしましたか。」
>
> 　受付係　「申し訳ありません。鈴木は、本日急な出張が入りまして、ただいま不在です。出張先に到着次第、本人からお詫びの連絡をするとのことです。」

　(3)の例で、受付係は、職場内の相手と話す場合には、鈴木課長に尊敬語(いらっしゃる)を使っていますが、外部の相手と話す場合には、尊敬語を用いない表現(不在だ)を使っています。このように、身内のことを話題にする場合に、当面の聞き手が身内であるか外部の人であるかで、話題の人物に対する**待遇表現**が異なるというのが、現代敬語の運用法上の特徴になっています。

　なお、古代の日本語では、同一の話題の人物に対する待遇表現は、基本的に一貫して同じレベルのものであったようです。身分的な上下関係がはっきりしていた古代社会では、その身分に応じた待遇表現を用いればよかったのに対し、人間関係が必ずしも社会的に固定していない現代社会では、相対的に親しくない人(他人)を「気をつかう人」として優遇し、親しい人(身内)を「気をつかわなくていい人」としてへりくだらせる、という心理的な**距離**を基準にした敬語の運用法が生まれたのです。

　現代日本語の敬語が、単に上下関係だけで運用されるものではなく、相手との心理的な距離(親疎関係による距離)を調節する機能が重視されるようになっていることの例を、さらに、**普通体(ダ体)**の中に挿入される**丁寧体(デス・マス体)**の表現意図(効果)という観点から見てみます。

　映画「バタアシ金魚」(脚本・松岡錠司)の主人公カオルは、女友達プーに対して、ふだん、普通体で話します。以下のカオルのセリフに見られる下線部分の丁寧体の表現意図(効果)を考えてみましょう。

🔲 CHECK

> (4)　[修理工場・裏]中型バイクに股がっているカオル。プーが、来る。
> 運転のまねをするカオル。腕を組んで見ているプー。
> カオル「これ、貸せよ。」
> プー　「いや。」
> カオル、バイクから降り、プーの前に立つ。
> カオル「なんで?」
> プー、答えずに、店へ戻ろうとする。カオル、駆け寄り、プーの手をつかむ。プー、手を払いのけもせず、その場で立ち止まる。
> カオル「いいじゃん。なあ……プー。なあ……よう…プー、てばよ!」
> プー　「(振り向きざまに)だって!　ちっとも会ってくれないじゃない!」

> カオル「バッキャッロウ！　俺は忙しいんだよ！」
> プー　「何が忙しいよ！　（手を払い）何して忙しいのよ。」
> カオル「それは、いろいろだ。」
> プー　「いろいろって？　説明してよ。」
> カオル「説明できないから、いろいろって言ってるんだ。わかった。
> 　　　　いいよ。買えばいいんだ。なにも頭下げて借りる事ないもん
> 　　　　な。」
> プー　「いじけないでよ。バカね、すぐ怒んだから。」
> プー、キーをカオルに差し出す。
> カオル「じゃあ、お借りします。」
>
> 　　　　　（松岡錠司「バタアシ金魚」『'90年鑑代表シナリオ集』映人社）

　現代日本語では、一般に、普通体は相手との心理的距離が近い場合に用いられるのに対し、丁寧体は相手との心理的距離が大きい場合に用いられます。目下であっても初対面の人には丁寧体で接するのが現代日本社会では一般的でしょう。一方で、親しさが増すにつれ、普通体に切り替えることもあります。さらに、親しい者同士で突然丁寧体を使用すると、通常とは異なる何らかの表現意図があると感じるのが普通です。

　(4)では、カオルとプーの間には、途中までかなり険悪なムードが漂っています。ところが、カオルが開き直りいじけてみせると、プーは一転して態度を和らげます。結果的にカオルはバイクを借りることができたわけですが、このときカオルは、感謝の気持ちを直接的な表現で示すのではなく、それまでとことばづかいを変え、「お借りする」という謙譲語と、「ます」という丁寧体の表現を用いて応えています。それは、ことさらにへりくだることで、感謝の気持ちを示そうという一種の「照れ隠し」なのかもしれません。あるいは、プーとの駆け引きに勝ったことへの、「余裕」や「おどけ」の気持ちを示すものなのかもしれません。一方、言われたプーの方は、カオルに振り回されることに自嘲しながらも、まあ悪い気はしないというところでしょう。

　ふだんは「タメ口」で話す友達同士の会話に、丁寧体の表現を挿入することは、実は、私たちは日常的にかなりの頻度で行っているのではないでしょうか。現代敬語は、このように、心理的な距離を調節する機能に基づくさまざま**な表現効果**を狙って用いられるようになっています。

32　ことばに潜む差別

❤ 昨日診てもらったのは女医さんだった。

　病院に行くのが好きな人は少ないでしょうが、病院でお世話になるのは何と
いってもお医者さんです。ところで、次の 2 つの言い方はどちらも自然です。

CHECK

(1)　　昨日診てもらったのは<u>男の先生</u>だった。

(2)　　昨日診てもらったのは<u>女の先生</u>だった。

　ここで、(2)については(3)のような言い方もできます。

CHECK

(3)　昨日診てもらったのは<u>女医さん</u>だった。

　このように、「女の先生」を「女医」と言うのですから、次のような言い方
ができるはずです。

CHECK

(4)×　昨日診てもらったのは<u>男医さん</u>だった。

　ところが、(4)は使えません。なぜでしょうか。

　ここで、ものの名づけ方について考えてみましょう。次のような場面を考
えてください。

　みなさんが寿司屋に行ったとします。みなさんは寿司は好きですが、わさ
びは苦手だとします。そのとき、次のように注文するでしょう。

CHECK

(5)　　○○を(わ)さび抜きで、お願いします。

　このように、寿司屋では「わさび抜き」(「さび抜き」)という注文の仕方が
あります。では、「わさび入り(さび入り)」という注文の仕方はあるでしょう
か。もちろん、そんな注文の仕方はありませんが、なぜないのでしょうか。

　「わさび抜き」と「わさび入り」は反対語の関係にあります。こうした場合、

特殊な方だけが1つのことばで表現され、一般的な方は1つのことばにならないということがあります。「わさび」の例では、寿司にはわさびが入っているのが普通であり、わざわざ言う必要がないため、「わさび入り」という言い方はないのに対し、「わさび抜き」はわさびを入れないでもらうために必要なので、1つのことばとして存在するということです。こうした場合、一般的な場合のことを**無標**、特殊な場合のことを**有標**といいます。

　さて、回り道をしてしまいましたが、本題の「女医」に戻りましょう。

　「女医」ということばがあって、「男医」ということばがないということは、「医者」という概念の中で「女(性)」ということが有標であり、「男(性)」ということが無標であるということを示しています。

　もちろん、現在の日本社会では、女性が医者になれないなどということは制度上はありません。しかし、ことばにはそうした制度上の差別が存在した時代の名残があると考えられます。あるいは、現在でも、社会的な心理としては、「医者は男性の職業」という意識があって、それがことばに反映しているといえるかもしれません。

　こうした差別意識が反映していると考えられることばには、その他に、次のようなものがあります。いずれの場合も、「女」を「男」に、または、「男」を「女」に変えた表現は使われません。

🖢CHECK

> 女だてら、男勝り、女の腐ったの、働く女性(の権利を守る)……

　このように、ことばにはそのことばを使う社会が持っている深層心理が反映している場合があるのです。

花子さんはガンに勝ちました。

　かつて、ガン保険のテレビCMで「花子さんはガンに勝ちました。」という
フレーズが流れたことがあります。人気漫才師の宮川花子さんが登場して、自
分がガンにかかったが治ったこと、その治療の過程でガン保険の保障が役立っ
たことを述べる内容でした。

　このように、「ガン（一般に病気）に勝つ」という表現はしばしば使われて
います。そして、多くの人、特に健康な人はそれについて何も違和感を感じな
いと思います。

　さて、次の文章はガンで亡くなったあるガン患者の日記の一節です。

　　そもそも私は「病気→闘う」という図式が大嫌い。「花子さんはガンに
　勝ちました」というCMも大嫌い。きつい治療に際しては「闘う」という
　ことばがわからないわけではなかったが、「闘い」には「勝敗」がついて
　まわる。亡くなられた方々が「病に負けた」とは考えたくない。病気にな
　る、ならないはあくまでも「偶然」が支配しており、人間の意志ではコン
　トロールできない種のものがある。生けるも死ぬも、「闘う」のは病では
　なく、己なのだと考えるに至った。病床に伏しても、人生をまっとうされ
　た方は病に負けたのではない。最期までその人らしく生きたとすれば、素
　晴らしい人生ではないだろうか。　　　　　　　　（清水佳子「国立便り」）

　この文章を読むと、「ガンに勝つ」という表現が気づかないうちにガン患者
の心を傷つけている可能性に気づかされます。

　私たちはことばを使って生活をしていますが、ことばには私たちのものの考
え方に一定の枠をはめようとする強制力があります。「病気」を「闘い」と見
るのもそうした強制力の一例だといえます。

　ある人が病気と闘おうとすること、そのこと自体はすばらしいことです。そ
して、闘いの結果、その人の病気が治ったとすれば、それもすばらしいことで
す。しかし、そうした「闘い」を他の人に押しつけること、それは必ずしも正
しいとは言えないのではないでしょうか。

　ことばは必ずしも客観的な情報を伝えているわけではなく、その中にはさま
ざまな見方が入っています。そうした見方の中には別の立場にある人の心を傷
つける可能性があるものも少なくありません。

　私たちはことばを使う際に、こうした問題について、常に自覚的であるべき
なのではないでしょうか。

もっと学びたい人のために

「日本語っておもしろい！」そう思った方々に、次の本をお薦めします。
基本的なことが書かれていて、比較的読みやすく、
手に入れやすい本を挙げましたので、参考にしてください。

日本語全般

庵　功雄(2012)『新しい日本語学入門　第2版』スリーエーネットワーク

金田一春彦(1988)『日本語〈上〉』『日本語〈下〉』岩波書店(岩波新書)

山田敏弘(2015)『日本語のしくみ　新版』白水社

第1部　日本語の音と形

J. C. キャットフォード(2006)『実践音声学入門』大修館書店

斎藤純男(2006)『日本語音声学入門　改訂版』三省堂

竹内京子・木村琢也(2019)『たのしい音声学』くろしお出版

第2部　日本語の文法

原沢伊都夫(2012)『日本人のための日本語文法入門』講談社(現代新書)

井上　優(2002)『日本語文法のしくみ』研究社

野田尚史(1991)『はじめての人の日本語文法』くろしお出版

第3部　日本語らしい表現

菊地康人(2010)『敬語再入門』講談社(学術文庫)

鈴木孝夫(1973)『ことばと文化』岩波書店(岩波新書)

森山卓郎(2004)『コミュニケーションの日本語』岩波書店(岩波ジュニア新書)

第4部　日本語の変化と多様性

井上史雄(1998)『日本語ウォッチング』岩波書店(岩波新書)

木部暢子・竹田晃子・田中ゆかり・日高水穂・三井はるみ(2013)『方言学入門』
　　三省堂

真田信治(2002)『方言の日本地図　ことばの旅』講談社(講談社 +α 新書)

田中克彦(1981)『ことばと国家』岩波書店(岩波新書)

この本を書く際に参考にした文献

第1部　日本語の音と形

庵　功雄（2001）『新しい日本語学入門』スリーエーネットワーク

沖森卓也（編）（1989）『日本語史』おうふう

窪薗晴夫（2002）『新語はこうして作られる』岩波書店

斎藤純男（1997）『日本語音声学入門』三省堂

清水義範（2002）『はじめてわかる国語』講談社

菅沼　晃（1994）『新・サンスクリットの基礎（上）』平河出版社

日本大辞典刊行会（編）（1979）『日本国語大辞典』2　小学館

日本大辞典刊行会（編）（1981）『日本国語大辞典』15　小学館

服部四郎（1955）「入門講座 音韻論（一）」『国語学』22

馬淵和夫（1976）『国語音韻論』笠間書院

Catford, J. C.（1988）*A Practical Introduction to Phonetics.* Oxford University Press.

Kawase, Saya, Beverly Hannah, and Yue Wang（2014）"The influence of visual speech information on the intelligibility of English consonants produced by non-native speakers," *The Journal of the Acoustical Society of America*, 136-3.

第2部　日本語の文法

庵　功雄（2001）『新しい日本語学入門』スリーエーネットワーク

庵　功雄・高梨信乃・中西久実子・山田敏弘（2000）『初級を教える人のための日本語文法ハンドブック』スリーエーネットワーク

庵　功雄・高梨信乃・中西久実子・山田敏弘（2001）『中上級を教える人のための日本語文法ハンドブック』スリーエーネットワーク

国立国語研究所（編）（1991・1993）『方言文法全国地図（2・3集）』大蔵省印刷局

蓮沼昭子・有田節子・前田直子（2001）『日本語セルフマスターシリーズ7　条件表現』くろしお出版

宮島達夫（1964）「トとバとタラ」『講座　現代語6』明治書院

宮島達夫・仁田義雄（編）（1995）『日本語類義表現の文法（下）複文・連文編』く

　ろしお出版

森田良行 (1988)『日本語の類意表現』創拓社

第3部　日本語らしい表現

庵　功雄 (2001)『新しい日本語学入門』スリーエーネットワーク

庵　功雄・高梨信乃・中西久実子・山田敏弘 (2000)『初級を教える人のための日本語文法ハンドブック』スリーエーネットワーク

庵　功雄・高梨信乃・中西久実子・山田敏弘 (2001)『中上級を教える人のための日本語文法ハンドブック』スリーエーネットワーク

井上　優 (1999)「状況認知と終助詞—「ね」の機能—」『日本語学』18-8

神尾昭雄 (1990)『情報のなわばり理論』大修館書店

菊地康人 (1996)『敬語再入門』丸善

張　麟声 (2001)『日本語教育のための誤用分析』スリーエーネットワーク

中畠孝幸 (2002)「「〜を〜させる」と「〜に〜させる」」『神戸日本語教育協議会ニュース』NO.9（神戸日本語教育協議会）　http://www.hyogo-iic.ne.jp/~kecjl/news09.html

沼田善子 (1986)「とりたて詞」『いわゆる日本語助詞の研究』凡人社

半沢幹一・安部清哉・小野正弘・金子弘(編) (2002)『ケーススタディ　日本語の歴史』おうふう

文化庁文化部国語課 (1998)『平成9年度国語に関する世論調査(平成9年12月調査)』大蔵省印刷局

文化庁文化部国語課 (2000)『平成11年度国語に関する世論調査(平成12年1月調査)』大蔵省印刷局

宮島達夫・仁田義雄(編) (1995)『日本語類義表現の文法(上)単文編』くろしお出版

第4部　日本語の変化と多様性

井上史雄 (1998)『日本語ウォッチング』岩波書店

井上史雄 (1999)『敬語はこわくない』講談社

井上史雄 (2000)『日本語の値段』大修館書店

金水　敏 (2003)『ヴァーチャル日本語　役割語の謎』岩波書店

国立国語研究所(編) (1989-2002)『方言文法全国地図(1 〜 5集)』大蔵省(財務省)

　　　印刷局

国立国語研究所（編）（1966-1974）『日本言語地図（全6巻）』大蔵省印刷局

小林　隆（1996）「動詞活用におけるラ行五段化傾向の地理的分布」『東北大学
　　　文学部研究年報』45

小松英雄（1999）『日本語はなぜ変化するか』笠間書院

佐藤武義（編著）（1995）『概説日本語の歴史』朝倉書店

佐藤亮一（監修）（2002）『方言の地図帳』小学館

徳川宗賢（編）（1979）『日本の方言地図』中央公論社

日本大辞典刊行会（編）（1981）『日本国語大辞典』15　小学館

松本　修（1993）『全国アホ・バカ分布考』太田出版（新潮文庫、1996年）

村上敬一（1996）「若年層の先導する新しい地域方言体系の形成―熊本方言を例
　　　に―」『日本学報』15　大阪大学文学部日本語学研究室

索 引

著者紹介・執筆項目

①所属・職名　②生年・出身地　③最終学歴　④執筆項目

庵　功雄 （いおり　いさお）
① 一橋大学国際教育交流センター・教授
② 1967 年・大阪府
③ 大阪大学大学院博士後期課程
④ 6・14・15・19・20・22・26・32・コラム 7・コラム 8

日高水穂 （ひだかみずほ）
① 関西大学文学部・教授
② 1968 年・山口県
③ 大阪大学大学院博士後期課程
④ 7・24・28・29・30・31・コラム 6

前田直子 （まえだなおこ）
① 学習院大学文学部・教授
② 1964 年・静岡県
③ 大阪大学大学院博士後期課程
④ 8・11・16・21・25・27・コラム 5

山田敏弘 （やまだとしひろ）
① 岐阜大学教育学部・教授
② 1965 年・岐阜県
③ 大阪大学大学院博士後期課程
④ 9・10・12・13・17・18・23・コラム 3・コラム 4

大和シゲミ （やまと）
① 梅花女子大学・非常勤講師
② 1967 年・徳島県
③ 大阪大学大学院博士後期課程
④ 1・2・3・4・5・コラム 1・コラム 2

イラスト　ひだかみはる

本書は、2003年に小社が発行した『やさしい日本語のしくみ』の
改訂版です。改訂にあたりサブタイトルを付しました。

やさしい日本語のしくみ―日本語学の基本―　改訂版

初　版第1刷 ——2003年 10月 1日
改訂版第1刷 ——2020年 4月 1日
　　第2刷 ——2021年 10月 1日

著　者————庵　功雄
　　　　　　　日高水穂
　　　　　　　前田直子
　　　　　　　山田敏弘
　　　　　　　大和シゲミ

発行人————岡野秀夫

発行所————株式会社くろしお出版
　　　　　　　〒102-0084　東京都千代田区二番町4-3
　　　　　　　tel 03-6261-2867　fax 03-6261-2879　www.9640.jp

印刷・製本　シナノ書籍印刷
本文デザイン・装丁　工藤亜矢子（OKAPPA DESIGN）

©IORI Isao, HIDAKA Mizuho, MAEDA Naoko, YAMADA Toshihiro, YAMATO Shigemi,
2003, 2020
Printed in Japan

ISBN978-4-87424-830-0 C0081